程焕文之问

——数据商凭什么如此狼？

程焕文 刘洪辉 刘 洪 ◎ 编

國家圖書館出版社
National Library of China Publishing House

图书在版编目(CIP)数据

程焕文之问:数据商凭什么如此狼?/程焕文,刘洪辉,刘洪编. --北京:国家图书馆出版社,2016.7

ISBN 978-7-5013-5844-1

Ⅰ.①程… Ⅱ.①程…②刘…③刘… Ⅲ.①文献资源建设—研究 Ⅳ.①G253

中国版本图书馆CIP数据核字(2016)第124182号

书　　名　程焕文之问——数据商凭什么如此狼?
著　　者　程焕文　刘洪辉　刘洪　编
责任编辑　金丽萍

出　　版　国家图书馆出版社(100034　北京市西城区文津街7号)
(原书目文献出版社　北京图书馆出版社)
发　　行　010-66114536　66126153　66151313　66175620
66121706(传真),66126156(门市部)
E-mail　nlcpress@nlc.cn(邮购)
Website　www.nlcpress.com——→投稿中心
经　　销　新华书店
印　　装　北京玥实印刷有限公司
版　　次　2016年7月第1版　2016年7月第1次印刷

开　　本　880毫米×1230毫米　1/32
印　　张　8.25
字　　数　150千字

书　　号　ISBN 978-7-5013-5844-1
定　　价　48.00元

序

2013 年 12 月底，教育部高等学校文献信息保障系统（CALIS）中心图书馆馆长在中山大学图书馆举行工作会议，餐叙时谈及数据库涨价之事，笔者提出必须采取果断而有效的措施彻底根除数据商的恶习，坚决遏制数据库的疯狂涨价，与会者一致赞同。

2014 年 1 月 3 日，笔者在新浪博客上发表题为《十问数据商!!!》的博文，呼吁图书馆界重视数据库恶性涨价问题。这篇博文十分简短，连带标点符号也不过 600 字，但是，标题采用了中国流传几千年的“十问”传统方式，末了还使用了三个感叹号，貌似很全面、很生猛。然而，博文发表后没热两天就冷下来了，一如既往，波澜不惊。

2014 年 5 月 28—30 日，中国图书馆学会高校图书馆分会在西安举行“2014 年中国高校图书馆发展论坛”，会议的主题为“数字资源——用数据量体　为学科裁衣”。应分会理事长、北京大学图书馆馆长朱强的邀请，笔者在 29 日的开幕式后做了题为“在‘纸张崇拜’与‘数字拥戴’之间——高校图书馆信息资源建设的困境与出路”的主旨演讲。演讲视频在网上传播后，业界反响热烈，于是，广东图书馆学会《图书馆论坛》编辑部的刘洪不断来电索要演讲稿，万般无奈之下，笔者只好嘱咐门下硕士生黄梦琪根据笔者的演讲大纲手稿和网上视频整理出一篇文稿，以应《图书馆论坛》之需。

2014 年 11 月 25 日，英国皇家化学学会期刊及数据库（RSC）在尚未与高校图书馆数字资源采购联盟（DRAA）谈判组妥善沟通达成一致意见的情况下，单方面通知各高校图书馆，终止与 DRAA 谈判，企图将高校图书馆各个击破。DRAA 理事会果断议决：坚决抵制 RSC 的恶性涨价行为，发起联合抵制行动。于是，爆发了全国高校图书馆第一次联合抵制国外数据库的行动，截至 2014 年 12 月 25 日，全国已有 62 家高校成员馆参加联合抵制行动，仅剩下两家图书馆因为合同尚未到期而没有参与联合抵制行动。

2014 年 12 月 29 日，中山大学图书馆在《关于联合抵制 RSC 数据库的情况通报》中指出："期刊图书等学术资源，是人类共同创造的知识成果。在促进科技知识的传播、满足科研信息需求上，学术界、出版界和图书馆界有着共同的社会责任和利益，应建立互信和可持续发展的合作机制。然而近年来的国外科技期刊及其全文数据库价格涨幅与捆绑销售的方式造成了图书馆外文科技期刊订购费用的迅速膨胀。在网络环境推动学术交流方式不断变化的环境下，研究者、出版发行机构、信息提供商、图书馆和读者都在学术信息传播的循环体系之中各展所长。出版发行机构或信息提供商以过高涨幅收取短期利润的做法，无异于杀鸡取卵，其结果不但阻碍用户获取信息，而且必将损害自身在科技文献市场上长期稳定的发展。针对 RSC 这种恶意涨价的销售政策，中山大学支持并参与DRAA的联合抵制。”

2015年1月6日，《图书馆论坛》编辑部刘洪特地将一篇题为《“程焕文之问”的数据库垄断观解读》的稿件发给笔者双盲评审。读完这篇来稿，笔者当即回复：“这篇文章写得非常好！可以作为‘头版头条’发表！这个问题牵涉整个图书馆的数字生存生态，应该引起广泛讨论。另外，我的那篇文章，待我修改好以后，就放在这期之后的一期发表，这样连续两期有同主题的文章，就成气候了。”“此外，还可以组织一批人展开笔谈，因为这是一个图书馆界普遍关心和没有展开讨论的重要主题。”笔者的建议得到了广东图书馆学会理事长、广东省立中山图书馆馆长、《图书馆论坛》主编刘洪辉和编辑部同仁的高度认可。于是，《图书馆论坛》决定发起专题征文，开辟“程焕文之问”专栏，开展为期一年的专题讨论。

2015年3月，《图书馆论坛》第3期发表李明理撰《“程焕文之问”的数据库垄断观解读》一文，“程焕文之问”专栏正式设立；随后第4期发表笔者的演讲文字稿《在“纸张崇拜”与“数字拥戴”之间——高校图书馆信息资源建设的困境与出路》。由此“程焕文之问”开始成为学界讨论的热点和业界关注的焦点。

2016年年初，在“程焕文之问”专栏开设将近一年之际，笔者建议将征集发表的论文结集出版，以飨读者。刘洪辉和刘洪一致赞同，于是，刘洪和编辑部的同仁开始着手整理书稿。为反映各方对“程焕文之问”的不同看法，在整理专栏文章的基础上，刘洪一方面亲自筹划，组织学人对数据商进行访谈，以弥补缺少数据商声音的不足；另一方面又收集其他刊物发表的与“程焕文之问”相关的论文和新闻媒体报道，力求全方位多视角地反映各界对“程焕文之问”的看法。刘洪还负责逐一征求论文作者和期刊编辑部的出版许可，兢兢业业，贡献良多，体现了青年才俊的高尚职业精神。在此基础上，笔者对《图书馆论坛》编辑部提供的文本进行了进一步的甄别，遴选了 18 篇文稿，并按照界别将文稿分为程焕文之问（2 篇）、图书馆界的阐释（11 篇）、法学界的讨论（1 篇）、新闻媒体的反响（2 篇）和数据商的回应（2 篇）五个类目，删去全部文稿中的中英文摘要，将文后参考文献一律改为页下注以便阅读，完成了书稿的最终整理。这些文稿从不同的立场和不同的角度探讨了“程焕文之问”的方方面面，虽然众说纷纭、莫衷一是，但是均有益于“程焕文之问”的求解，值得赞赏。在此，谨对积极参与“程焕文之问”讨论的论文作者、文稿记者、采访者、受访者和编辑们表示衷心的感谢！

2016 年 3 月 31 日，在《程焕文之问——数据商凭什么如此狼？》书稿编辑之际，北京大学官网上贴出即将停用中国知网的通知：“图书馆订购的‘中国期刊网’（中国知网）系列数据库 2015 年合同期已到，由于数据库商涨价过高，图书馆目前正在全力与对方进行 2016 年的续订谈判，上一年度合同截止到 2016 年 3 月 31 日，期满后数据库商随时可能中断北大的访问服务。”4 月 1 日，北京大学图书馆发表声明称：“我们仍在与同方知网（北京）技术有限公司进行谈判，努力坚持争取到合理的条件，不向商家过分的涨价行为轻易妥协。”4 月 7 日，《中国青年报》实习生蒋欣和记者叶雨婷刊发《多地高校停用知网　图书馆预算难追数据库涨幅》的长篇新闻报道，由此引发了新一轮有关数据库涨价和图书馆联合抵制的网络热议和社会关注。

数据商如狼，凶猛异常；图书馆如羊，温和善良。《程焕文之问——数据商凭什么如此狼?》的编辑出版,恰逢其时地敲响了数字化的警钟,亮出了时代的公平正义之剑,挑战、危机、困境已经摆在图书馆和数据商面前,非两全其美,即两败俱伤。

诚然如是,“程焕文之问”犹如横亘在全球图书馆数字化高速公路上的一座高山,避不开,绕不过,移不动,退不可,唯有迎刃而上,齐心协力,披荆斩棘,开辟通道,方有出路。

五一长假,难得空闲,昼夜伏案,摩挲笔耕,不亦劳乎,不亦乐乎。

是为序。

程焕文

2016 年 5 月 1 日

于中山大学康乐园竹帛斋

目　录

程焕文之问

十问数据商!!!

程焕文(中山大学资讯管理学院)

上周,全国高校图书馆的超级大佬们齐聚中山大学图书馆议事,大家对数据商的定价策略、销售策略和涨价行为极其愤怒,一致认为图书馆界必须发出强烈的声音,以矫正数据商的不端行为。斋主现在先提出如下质问,请同仁们提供更多的质问,为我们在新的一年中展开行动提供"佐料":

一问:数据库的定价依据是什么?

二问:凭什么在购买期刊全文数据库时数据商要强行捆绑纸质期刊?

三问:在全文数据库的使用上基本符合二八率,即一个数据库的资源通常只有20%被用户使用,另外80%未被使用的情况下,凭什么还要图书馆为未被使用的80%的资源买单?

四问:数据库不是不可以涨价,可是涨价总得有个规矩,每年的涨价幅度控制在通货膨胀率之下,一般不会超过图书馆的心理承受能力。凭什么有的数据商动不动就每年涨价20%,甚至更多?

五问:凭什么在数字图书的使用中要采用与图书馆纸质图书借阅相同的办法,每次只能一个用户借阅?

六问:凭什么数字图书的销售价格有时甚至要高过纸本图书?

七问:凭什么图书馆在购买数据库的使用权后,因无力继续购买而不能拥有已经购买使用权年限的数据库的永久使用权?

八问:凭什么数据商要将高影响因子的期刊,或者某个主题的期刊,从综合性的期刊全文数据库中抽出来,单独建库暴利销售?

九问:凭什么数据商在签订购买合同时要强行规定不允许图书馆做任何元数据的关联?这与图书馆购买图书后出版商不允许图书馆编目有什么区别?

十问:凭什么数据商不向图书馆提供详细的用户使用报告?

(原载新浪博客《程焕文如是说》2014－01－03.
网址:http://blog.sina.com.cn/s/blog_49 78019f 0102e5zu.html)

在“纸张崇拜”与“数字拥戴”之间*

——高校图书馆信息资源建设的困境与出路

程焕文　黄梦琪

（中山大学资讯管理学院）

1　数字时代——图书馆无形的蜕变

进入21世纪以来，随着数字化和网络化规模的迅速扩大，信息资源的载体形式、存储方式、获取方式、服务方式等皆发生了重大转变。高校图书馆的信息资源建设方式亦以迅雷不及掩耳之势发生天翻地覆的变化，许多图书馆尚未做好应对准备，就不由自主地卷入了数字浪潮之中。这种转变主要表现在三个方面。

---

* 本文系程焕文教授于2014年5月29日在西安举行的“2014年中国高校图书馆发展论坛”上的演讲报告，由黄梦琪同学根据演讲大纲和视频录像整理，经程焕文教授修改补充而成。

1.1　从"纸质资源拥有者"向"数字资源使用者"的转变

从本质上来说,图书馆已从"纸质资源拥有者"蜕变为"数字资源使用者"。在纸本时代,图书馆是纸质资源至高无上的拥有者,被誉为"知识的海洋",且以海蓝为本色。可是在数字时代,随着数字资源的迅猛增长,特别是在数量上和预算上全面超越纸质资源时,图书馆的资源已悄然从纸质资源向数字资源转变。这种转变导致图书馆的"资源角色"和"资源地位"也悄然发生变化:图书馆作为"纸质资源拥有者"的角色和地位日趋式微,但作为"数字资源使用者"的角色和地位日益显著——数据商或数字出版商才是数字资源的拥有者,图书馆不过是数字资源的使用者,在某种意义上讲就是数据商的用户或用户代表——图书馆服务区的用户代表。

1.2　从资源整理技术方法的"主导者"向"应用者"的转变

从技术层面看,图书馆已从资源整理技术方法的"主导者"转变为资源整理技术方法的"应用者"。过去图书馆是纸质资源的拥有者,在资源整理上拥有绝对的主导权和话语权,一切唯我独尊,自行编制分类法、主题词表,制定文献著录规则,颁布各项服务标准,所有读者和用户必须按照图书馆制定的规则行事。可是在如今的数字时代,图书馆不再是数字资源的拥有者,如何整理数字资源由数据商说了算,图书馆充其量不过是数据商征求意见的客户对象,被迫从资源整理技术方法的主导者变为资源整理技术方法的服从者和应用者,完全丧失了资源整理技术方法主导者的地位。

1.3 从“读者在馆借阅”向“用户在线访问”的转变

就服务方式而言,图书馆服务已经从“线下服务”转变为“线上服务”,从“读者在馆借阅”转变为“用户在线访问”,从“有线网络服务”转变为“无线移动服务”。过去受时间和空间的限制,读者不得不到馆借阅;如今用户不再受时间和空间的限制,可以随时登录图书馆网站查阅数字资源。于是网上访问图书馆的用户越来越多,到馆借阅的用户越来越少。

上述三个转变在总体上提升了图书馆的服务效率,更大程度地满足了图书馆用户的需求。但也给图书馆带来了持久的困惑。

其一,关于数字资源,究竟是应该“拥有”,还是应该“获取”?或者说“拥有”与“获取”哪个更重要?这个问题已经讨论了十几年,起初“获取”的呼声甚至高于“拥有”,现在再来讨论这个问题已经不再新鲜。我的基本观点是:“拥有”是硬道理,“获取”是不得已。

其二,关于资源建设的方向,究竟是应该“纸张崇拜”,还是应该“数字拥戴”?绝大多数的人都会毫不犹豫地选择“数字拥戴”,因为这是时代的潮流。与时俱进固然重要,但是我们必须保持清醒的头脑,不能盲目地“追波逐流”。正因为如此,我把“在‘纸张崇拜’与‘数字拥戴’之间”作为这次演讲的题目,谈谈对高校图书馆资源建设的粗浅看法。

2　数字拥戴——图书馆糊涂的爱

对于高校图书馆数字资源建设,我有几个基本判断:①我国研究型大学图书馆的数字资源建设不仅在数量上,而且在预算上已经全面超过纸质资源建设;②数字资源在使用上具有先天的优越性。20 世纪 50 年代,图书馆界在用户服务上曾提出“广、快、精、准”四字要求,那时是纸本时代,这个要求不过是愿景。现在是数字时代,不仅可以做到“广、快、精、准”,还可以做到“无时不在、无处不在和无远弗届”;③数字资源是“土豪”的至爱,也是“草根”的悲哀。在纸本时代,图书馆的纸质资源建设需要长年累月的积累;在数字时代,图书馆的数字资源建设则无须长年累月的积累,只要有钱,一夜之间就可以从数字资源的“穷二代”变为数字资源的“富二代”。图书馆的资源建设似乎不再需要馆藏发展规划,只要有钱,一夜之间就可以从地狱升上天堂,成为我国乃至世界图书馆数字资源的最富有者。这在纸本时代是不可想象的。正因为如此,随着“211 工程”和“985 工程”的发展,高校图书馆在数字资源建设上出现严重的两极分化,没有钱的高校图书馆对于价格昂贵的数据库只能望洋兴叹,徒生悲伤。

数字资源既是一个好东西,也是一味迷魂汤,我们不能被这个好东西冲昏了头脑。20 世纪 70 年代美国著名信息学家兰开斯特教授曾预言2000年人类社会将进入“无纸的信息社会”[①]，随后还衍生了许多类似的预言。这种乌托邦式的预言误导了许多图书馆人，以至于今天绝大多数人都认为在数字化网络化时代没有必要加强纸本馆藏的发展。这种想法和做法都是幼稚的，甚至是愚昧的。数字资源相对于纸质资源的确具有许多优势，但这种优势不是一种“替代关系”，而是一种“优劣互补关系”。如果我们不能清醒地认识纸质资源与数字资源，而是盲目地追求数字资源，那么我们就永远走不出数字资源带给图书馆资源建设的艰难困境。目前这种困境主要体现在6个方面。

2.1 资源垄断

目前我国高校图书馆面临的最大困扰是国内外数据商的数字信息资源垄断。许多数据商为了提升其数据库产品的竞争力，与众多书刊出版机构签署独家数字出版授权协议，如中国知网的独家授权期刊达到1600种[②]。书刊出版机构也大多乐此不疲，特别是行业性的期刊出版机构。于是纸本出版商与数据商结成利益共同体，期刊全文数据库成为没有市场竞争的独步天下的垄断资源。在这种一家独大的资源垄断的情况下，数据库的定价是数据商说了算，数据库涨价还是数据商说了算。定价的依据是什么？涨价的依据是什么？国家没有规定，市场没有

---

① Lancaster F W. Toward Paperless Information System[M]. NewYork, San Francisco, London: Academic Press, 1978.

② 独家授权期刊导航[EB/OL].[2014-09-26]. http://epub.cnki.net/kns/oldnavi/n_Navi.aspx? NaviID=2&Flg.

制约,数据商为所欲为,图书馆成了被人任意宰割的羔羊。例如,购买一年的全部纸质中文学术期刊的价格大概是150万元,可是购买CNKI之类的中文学术期刊数据库的价格已经超过100万元。前几年荷兰Elsevier突然提出要在数年内将在我国销售的价格涨到与在欧美市场的价格一致,每年的涨幅高达20%—40%,大中华圈内的图书馆集体抵制,但是效果并不理想。可见"与国际接轨"也不一定是一个好东西。一位出版发行领域的教授告诉我:2013年我国的数字图书出版投入了200亿元,但收入只有50亿元,入不敷出。言下之意是:数字出版的成本很高,数字出版品的价格太低,应该涨价。我不认可这种逻辑。我国的高铁建设投入数千亿元人民币,高铁票价甚至贵过飞机票票价,尚且需要十年才能收回成本,数字出版总不能当年投入,当年收回成本,甚至盈利吧。"有钱就是任性",这句网络流行语用在数据商的定价和涨价上十分贴切。

2.2　资源讹诈

在数字资源普遍被数据商垄断的情况下,"资源讹诈"不仅顺理成章,而且五花八门:

(1)捆绑售卖纸本期刊。在销售期刊全文数据库时捆绑纸本期刊,这是国外数据商的普遍做法,虽然捆绑的数量、比例和松紧程度各有不同,但是大同小异。捆绑纸本期刊的目的是使纸本出版商和数字出版商双双赢利,结果是坑害了终端客户图书馆,使图书馆在毫无选择的情况下承受难以承受的价格。

(2)拆分数据库。一些数据商为了追求高额利润,别出心裁，与出版商“合作”，将某类专业学术期刊，或者同类学术期刊中的高影响因子期刊从原有数据库中拿出，裁剪成新的数据库，进行高价销售，原有的数据库并没有因此降价，图书馆必须为此付出新的代价。国际上有 OCLC 的 BioOne，我国有中华医学会期刊数据库。

(3)同类重复。在数字图书数据库中，数字资源的垄断相对较弱，但是同类数据库内容的重复度非常高，有的甚至高达70%。于是图书馆为了获得 30% 的差异内容，不得不为 70% 的重复资源重复付费。

(4)高价售卖学位论文。近年我国高校每年产出的博硕士学位论文在 40 万篇以上，超过了我国年图书出版种数。极具讽刺意味的是，高校一直在花钱购买自己产出的博硕士学位论文数据库！很多年以来，我在全国高校图书馆工作指导委员会上一直呼吁教育部应该制定政策，建立“全国博硕士学位论文数据库”和“网络课程共享平台”（包括网络精品课程和慕课课程），可是一直没有实现。高校图书馆严格遵守知识产权保护的法律要求，在全国层面只提供文摘服务和部分内容服务，可是各高校的研究生管理部门违规与数据商签订秘密协议，出卖博硕士学位论文的数字版权；个别博硕士论文呈缴本收藏单位不经允许，私自将数字化的博硕士学位论文商业化，高价兜售。于是，一方面是高校学术资源的严重流失，无人监管；另一方面是高校图书馆不断地花大价钱购买高校产出的博硕士学位论文数据库，荒唐至极，荒谬至极！

(5)用户数据造假。长期以来，由于大量的数据库都是网络版数据库，图书馆只是购买了使用权，不得不依赖数据商提供用户统计数据,数据商也时常根据用户统计数据来确定销售策略。问题是数据商提供的用户统计数据可靠吗?前几年西安交通大学图书馆开发了一个中间件,专门用于监测用户的数据库点击与下载情况,结果发现监测到的用户统计数据与数据商提供的用户统计数据有很大的出入,换句话说,绝大部分数据商提供的用户统计数据有水分,很不可信。数据商用这种自己造出来的数据作为涨价的依据,讹诈图书馆,许多图书馆还蒙在鼓里!

2.3 资源壁垒

图书馆购买的数据库越来越多,几百个数据库看起来非常壮观,可是每个数据库都是一个"信息孤岛",彼此之间壁垒重重,无法兼容共享,跨库检索和跨语言检索一直是困扰数据库使用的技术与市场壁垒。最近几年相继出现联邦检索和发现系统,已经极大地改善了跨库检索和跨语言检索的困扰,当然图书馆又不得不为此付出更高的费用。现在的问题是:个别数据商在销售合同中悄悄地增添了不允许图书馆购买数据库后进行外部链接的条款,禁止图书馆对数字资源进行整合利用。这就好比图书馆购买了图书,出版商不允许图书馆进行分类编目一样,荒唐、荒谬至极!数字出版商为了商业利益而刻意制造的资源壁垒既给用户造成了极大的不便,也严重侵害了图书馆的职业精神。

2.4 资源浪费

无论是纸质资源还是数字资源，其使用率基本上都符合“二八律”，也就是说，只有两成左右的资源被人经常使用，8 成左右的资源极少被人使用甚至无人使用。对纸质资源来说，图书馆拥有所有权，即使一直无人使用，图书馆仍然拥有一份实实在在的财产，这份财产还会随着时间的推移而不断增值。古籍就不用讲了，民国书刊，甚至 20 世纪 80 年代以前的出版品，现在的市场价格都数倍甚至数十倍地高过当年的购买价格。可是对于数字资源来说，情况就大不一样了，图书馆只购买了使用权，每年都必须为极少甚至无人使用的大约八成的数字资源付费，这种浪费惊人！我们可以做一个简单的测算，即使是用数据商提供的不可靠用户统计数据来测算图书馆用户点击或者下载文献的平均价格，都不难发现其代价极其高昂：在大多数情况下，点击一次或者下载一篇文献的价格是几元甚至几十元人民币，足以买回整本纸质书刊。图书馆在数据库使用推广上做了大量的工作，可是“二八律”就摆在那里，怎么做也只是心理安慰，无法彻底改变现状。问题在哪里？自然是垄断数据商的大宗销售策略造成的。

2.5 资源同质

在纸本时代，各图书馆根据各自的性质、任务和服务对象开展资源建设，形成了各具特色的信息资源体系。在数字时代，数字资源的可获得性得到极大的提高,虽然图书馆在数字资源建设上也有选择,但是总的来看,数据商的大宗销售策略使许多图书馆失去了"选择的自由",而数据商最大的期望就是图书馆不加选择地购买。在高校图书馆用户,特别是极少数有影响力的用户的要求下,高校图书馆在数字资源购买上不得不相互攀比,贪多求全,于是同类高校图书馆数字资源的同质化日趋加剧。虽然数字资源的同质化在一定程度上可以保持同类高校图书馆在数字资源服务上的同等资源水准,但在另一方面,这种同质化也使各高校图书馆逐渐失去资源特色和学术魅力。我们可以想象一下,假如图书馆的信息资源完全数字化,且基本上都是数据商销售的数据库,在这种情形下,图书馆还有生命力吗?那样的话,图书馆无异于24小时开放的7—11便利店,随时可以被替代,因为谁都可以开设这样的便利店。

2.6　阅读退化

在数字资源普泛化的今天,阅读的形式变得越来越多样化,在人们喋喋不休地争论深阅读与浅阅读、纸本阅读与数字阅读的优劣利弊的同时,我们不得不面对一个基本的事实:高校图书馆纸本借阅率一直在持续下降,而数字资源的利用率并没有明显的提高。这表明阅读在退化。互联网使一代人沉湎于网络游戏,现在移动通讯网又使一代人沉迷于微博、微信,在无休无止地发微信与转微信、点赞与等待点赞中燃烧青春,消耗生命!社交网络使许多年轻人失去了现实的人际沟通基本能力,不少年轻人终日呈现的是一幅"手机面孔"——全神贯注地低头注视手机，旁若无人，表情呆滞，偶尔独自爆笑。对网络的依赖使学生失去了记忆的本能，大脑作为思维的机器没有了记忆的能量。学生上课时，凡是遇到教师提问，鲜有思考者，立即查看手机的现象非常普遍。“手机控”风靡全社会，手机成了人们日常生活中异常重要的一部分，须臾离开即会令人失去安全感，焦躁不安，甚至不知道如何阅读和学习。高校图书馆重视数字资源建设是大势所趋，但不可以盲目地“数字拥戴”，否则，其结果只会适得其反，导致学生的阅读能力进一步退化。

3 纸张崇拜——图书馆不可割舍的爱

在各高校图书馆的目光专注于数字资源建设的时刻，北京大学做了一件十分了不起的大事：2013 年 12 月，北京大学图书馆筹资 1 亿多元，从日本回购“大仓藏书”，共计 931 种 28 143 册，其中古籍 904 部，包括中国古籍 716 部 26 260 册，日本古籍 187 部 2546 册，朝鲜古籍 1 部 2 册①。北京大学图书馆用巨额资金回购“大仓藏书”，令人羡慕，令人钦佩，更值得我们深思和效法。

① 北京大学图书馆展出 2 万余册从日本回购的“大仓藏书”[EB/OL].(2014-05-04)[2015-03-04]. http://news.sina.com.cn/o/p/2014-05-04/131730057177.shtml.

3.1　纸本的价值

2013 年德国一家科技出版商在南京召开业界专家咨询会议,这家出版商的全文期刊数据库在我国销售得很好,于是计划将过去 100 多年出版的科技名著全部数字化,打包成一个数据库在我国销售,想卖个好价钱。与会者大多循着出版商的思路发表意见,而我的看法完全相左:纸本书有三重价值——内容价值、历史价值和文化价值,纸本图书数字化以后只有内容价值,没有历史价值和文化价值,正如法国卢浮宫收藏的蒙娜丽莎油画价值连城,可是数字化的蒙娜丽莎一钱不值一样。也就是说,相对于纸本图书来说,数字图书只有纸本图书三分之一的价值。不仅如此,这剩下的三分之一的价值也是不完全的,甚至应该再折半。就数据库而言,期刊全文数据库收录的期刊论文在某种程度上说是片状的,数字化以后非常便于点对点的查阅,因而期刊全文数据库十分受欢迎。然而图书全文数据库完全不一样,在某种程度上是块状的,在网上阅读整本数字图书远远不及阅读纸本图书便捷。如此说来,数字图书的价值最多只有纸本图书六分之一的价值,况且数字化的科技图书充其量只有科技史研究方面的内容价值,所以该出版商开发的图书数据库只能友情免费赠送。出版商闻此言愕然哑然,业界专家们拍手称快。总之,在图书馆资源建设中,千万不要忘记了纸本的价值。

3.2 纸本的生命

"纸张是个老不死的东西"是我的一句名言。新世纪初,美国有几家报纸陆续倒闭,不少媒体都在炒作报纸的消亡。那时我作为中山大学传播与设计学院院长在广州参加过一次党报发展论坛,在论坛上,许多传媒要人对报纸的未来忧心忡忡,哀声四起。我可能是唯一的"另类",我说:美国的报纸属于私营企业,经济效益是第一位的,不盈利即倒闭,是正常的市场现象;我国的报纸则是宣传工具,社会效益是第一位的,党在报纸就在,赚钱的南方报系很兴旺,不赚钱的各地报纸也不会倒闭,是国情而不是市场决定报纸的命运。

近年来开放存取(Open Access)风靡全球,开放存取的确是学术资源共享的福音,天下也的确有这种免费的午餐。可是大家想过没有,这样的免费午餐究竟是谁在买单?如果所有的学术期刊都实现开放存取,那么谁来支付学术期刊编辑出版的费用?是富足的出版主管机构,还是贡献智慧的作者,或者政府?期刊出版是一个产业链,图书出版也是一个产业链,在产业链上游,有许多人靠这个产业来维持生活,而终端用户却都要免费利用,这是不可想象和不可思议的事情。所以,开放存取在一定程度上不过是一些富有的开明学术机构或者团体对社会的一种学术馈赠与施舍,而图书馆界奢望的全面开放存取不过是黄粱美梦。

在数字资源飞速增长的同时,纸质资源的增长是不容忽视的。现实是纸本出版与数字出版齐飞。2013 年我国数字出版产业整体收入 2540 亿元,比 2012 年增长 31.25%[①];出版图书 444 427 种,增长 7.35%,总金额 1289 亿元,增长 8.95%[②]。从增长量看,目前数字出版涨幅虽然高于纸质出版,但图书出版品种从"十五"末的 22 万余种蹿升至"十一五"末的 32 万余种,2012 年突破 40 万种,出版数量也是一路飙升。

根据尼尔森图书监测的统计,2014 年美、英、德三国纸本图书销售回暖,美国纸本图书增长 2.4%,英国走出 2013 年下滑 9% 的阴影,2014 年仅小幅下滑 1.3%,德国也从 2014 年 3 月下滑 3.3% 的劣势中逆转。回头看我国,2014 年全国图书零售市场总码洋超过 500 亿元,比 2013 年增长 3.26%,比英语世界中增幅最高的美国还要高[③]。

在网络化数字化如此盛行的今天,纸本图书不仅没有消亡,出版量仍然在不断增加,销售也开始回暖。这种纸本出版与数字出版比翼齐飞的事实,难道不值得我们尊重和深思吗?

就高校图书馆而言,有两个现象值得反思:一是大专生、本科生很少利用学术数据库。就本科生而言,三年级以下的学生基本上不怎么用学术数据库,四年级的学生由于要做毕业论文,才被迫使用学术数据库,这种现象一直普遍存在;二是在数字化网络化环境下出生和成长起来的 90 后大学生,一直过着数字生

---

① 2013—2014 中国数字出版产业年度报告摘要[EB/OL].[2014-09-28]. http://www.chinaxwcb.com/2014-07/18/content_298251.htm.

② 2013—2014 中国数字出版产业年度报告[EB/OL].[2014-09-28]. http://www.gapp.gov.cn/news/1658/212700.shtml.

③ 魏小河.大数据告诉你,纸质书还没玩完[EB/OL].[2015-03-04]. http://cul.history.sina.com.cn/zl/shiye/201-02-26/16191126.shtml.

活，几乎人人都是“手机控”，可是绝大多数90后大学生在无法借到教师指定的纸本教学参考书时，都不乐意使用图书馆随手可得的数字图书，时常抱怨图书馆纸本图书藏书不足，呼吁增加纸本图书复本数量的声音此起彼伏，这种现象同样在各高校图书馆普遍存在。这些现象背后的本质是什么？大家可以分析一下，可以肯定的一点是：纸本图书是有生命力的，具有数字图书不可替代的优势，至少在今天纸本图书仍然是大学生系统学习的最佳选择。

3.3 纸本的收藏

图书馆不能没有纸本，如果没有纸本，图书馆就没有安身立命的根本。在纸本出版与数字出版齐飞的情况下，高校图书馆应该树立正确的纸本收藏与数字订购并重的资源建设观，在大量购买数据库的同时，最大限度地收藏纸质资源。

许多图书馆界的同仁，尤其是欧美大学图书馆界的同仁在谈及图书馆资源变化的时候，都会不由自主地渲染数字资源的飞速增长和纸质资源的日趋式微。我们不能被这种渲染所迷惑。摆在我们面前的事实是：虽然欧美大学图书馆的数字资源一直在飞速增长，但是纸本资源的增长并没有因此而停止，只不过现在没有人乐意去夸耀纸本资源的增长罢了。现在的情形是：各大学图书馆一方面普遍在减少纸本期刊的订购品种与数量，另一方面又在不断增加纸本图书的品种与数量。原因显而易见：理科的教师和研究生更加依赖期刊全文数据库，文科的教师和研究生在依赖期刊全文数据库的同时仍然喜好纸本图书，而不论哪个学科的大专生、本科生或者研究生，在系统的知识学习中仍然以纸本阅读为主。

如今我国中文图书年出版量在40万种以上，其中高校图书馆可以采购的学术图书约占四分之一。大部分“985工程”高校图书馆的年图书采购量为4万—6万种，这是许多高校师生抱怨借不到新书的主要原因。近十年来，很多省市公共图书馆由于没有购买外文数据库和外文原版期刊的压力，大部分经费用于中文图书的采购，其图书品种和数量全面超越高校图书馆，个别地方的高校师生甚至热衷去公共图书馆而不是本校图书馆，原因在于公共图书馆的藏书品种更多更全。

复旦大学大学图书馆从2013年开始实施单本采访制度，新进图书基本上不购买复本，但是师生可以向图书馆提出复本购买申请，图书馆再根据申请去采购复本，大约80%的图书为单本，另外20%则是根据师生的要求而增加的复本，每年采访的图书品种数量猛增到8万种以上，较大地提高了藏书效率和使用效率。如果一个同类的“985工程”高校图书馆不改变采购策略，每年仍然保持订购约4万种图书，平均每种图书2个复本，虽然每年的图书购买数量也是8万册，但10年以后，这个大学图书馆的藏书在品种上就要比复旦大学图书馆少40万种，这是一个不小的差距。因此，我们今天必须认真地思考和研究纸本图书采购中品种与复本的关系。

3.4　纸本的特色

特色纸本资源是研究型大学图书馆的安身立命之本。高校图书馆的信息资源无特色即无特点,无特点就无生命力。在信息资源日益同质化的今天,研究型大学图书馆依靠什么吸引学者,又依靠什么确立其学术地位?自然是“人无我有”的特色纸本资源。

20世纪20年代,历史学家顾颉刚先生曾经为国立中山大学图书馆草拟过一份图书采购计划书,其中有一个基本的观点,那就是重点采购经、史、子、集四部以外的民间文献。这个理念在今天仍然值得继承和发扬。过去十几年来,中山大学图书馆一直把顾颉刚先生的这个理念奉为圭臬,相继建立了一系列的学术大师专藏、喜乐斯外文专藏和民间文献专藏。不少研究型大学图书馆也有类似的举措,因此在学界享有独到的声誉。特色馆藏是高校学术竞争力的“能源”。谁拥有哪个领域的特色学术资源,谁就占领了哪个领域的学术高地。过去如此,现在如此,将来还是如此。

3.5 纸本的保存

图书馆学大师杜定友先生曾言“图书馆应该收藏一切有文字的纸片”,我的名言是“图书馆应该保存一切有文字的纸片”。这是图书馆的社会职能所在和历史使命所然,所有图书馆都应竭力为之。

“敬惜字纸”是优秀的中华文化传统。尽管数字资源具有很多优势,但是数字资源永远无法替代纸本资源的历史价值与文化价值。人类的文字载体经历了泥版、纸草、甲骨、金石、羊皮、竹木、简帛、纸张、胶片、磁性介质材料等数千年的发展,唯有千寿的纸张最为优秀,而纸本则是文化载体的极致。“敬重纸本、珍惜纸本、保存纸本”应是每个图书馆人必须恪守的职业传统,在数字时代,恪守这个职业传统尤其具有特别的现实意义和深远的历史意义。即使在未来,人类社会真的进入无纸信息社会,现在的图书馆也应该会成为最好的图书博物馆。

4　结论

4.1　没有“纸张崇拜”情结的馆长基本上是没有文化的馆长

不懂专业的馆长不可怕,就怕馆长没文化。在我国,目前非专业背景的专家学者和干部担任图书馆馆长的现象十分普遍,这并不可怕,因为他们既可以慢慢地熟悉和学习专业,还可以依仗专业骨干,自己不作为也不乱作为即可;可怕的是馆长没有文化,又好大喜功,胡作非为。判断一个馆长有没有文化,最重要的指标就是有没有“纸张崇拜”情结,如果没有“纸张崇拜”情结,基本上可以认定为没有文化。

信息资源建设是图书馆的基础工作,基础工作的好坏直接决定图书馆服务的质量。采访采访,有采有访,既要采,还要访。许多馆长只知道按照书目采购,不知道还要四处访求,所以资源建设没有特色。上海图书馆矢志不渝地收集各地家谱、方志和手稿,以至于此类藏书独步天下,无处可以匹敌。这就是访求的榜样。如今资源建设的情况发生了很大的变化,数据商天天围着馆长转,鼓动馆长购买数据库;馆配商也天天围着馆长转,祈求馆长多给点经费配额,于是过去的主动采购变成现在的被动采购,采购的技能在退化,访求的本领在消失。就访求而言,我的基本看法是:数字资源是数据商“上门来求”,纸质资源则应是馆长“出门去求”。

4.2 资源为王——保持资源的多样性和原始性

数年前我说过:“资源为王,服务为妃,技术为婢。”[①]许多人不以为然。过去国家图书馆在服务上有瑕疵,学者抱怨不少,可是再多抱怨,学者还是离不开国家图书馆,原因何在? 不就是国家图书馆有别的图书馆没有的资源嘛! 有了资源,即使服务和技术跟不上,图书馆仍然是学人需要的;可是,如果没有资源,一切就无从谈起,所以“资源为王”是图书馆的根本。

在资源建设中,高校图书馆应该尊重和保持资源的多样性,坚持客观中立的专业理念,不受任何思想意识的影响,不论“正确的”还是“错误的”,也不论“革命的”还是“反动的”,更不论“高雅的”还是“低俗的”,都应该尽可能地收藏和保存。

在资源建设中,高校图书馆还应该保持资源的“原始性”,尽力收集一手资料。1989 年我国发生政治风波时,美国多家大学图书馆不约而同地发起收集相关资料的项目申请,最后哈佛大学图书馆成功申请到专项经费,于是他们通过各种途径,甚至

---

① 程焕文. 资源为王 服务为妃 技术为婢[EB/OL]. (2010 - 04 - 15)[2015 - 03 - 04]. http://blog. sina. com. cn/s/blog_4978019f0100hjob. html.

派人到我国各地现场收集资料,如今哈佛大学图书馆拥有这场政治风波最原始、最全面、最完整的资料,包括书刊、报纸、传单、照片、视频录像、电视节目。也就是说,今后学者要研究这段历史,只能去美国哈佛大学图书馆而不是我国的某个图书馆找资料。这个例子足以说明很多问题,也值得我们认真反思图书馆的资源建设。

4.3　优化空间资源

空间资源始终是图书馆的重要资源。2003 年美国学者哈罗德和肖恩对 1995—2002 年完工的工程面积在 2 万平方英尺以上的 357 家大学图书馆进行调查,得出的结论是大部分图书馆面积有了较大的增加;而且在调查中发现,更大的空间会使得越来越多的读者觉得舒适、方便、有用,更大的空间会更加受到用户的欢迎①。因此,“数字时代没有必要扩建馆舍”的论调十分荒谬。

事实上,在数字时代,图书馆的空间资源比过去更加重要,这不仅是因为空间资源是图书馆赖以生存和发展的基础,更是因为图书馆正在成为知识中心、学习中心和文化中心的客观需要②。在空间资源建设上,高校图书馆至少应该做好两个方面的工作:第一,优化现有的空间资源,建设更有吸引力的信息共

---

①　闫小芬. 新时期美国大学图书馆馆舍建设趋势[J]. 大学图书馆学报,2006(4):81—86.

②　程焕文. 图书馆的价值与使命[M]. 上海:上海科学技术文献出版社,2014:234—246.

享空间、创意空间、协同学习空间等；第二，争取更多更大的空间资源，特别是建设独立的贮存图书馆或共用的贮存图书馆。

4.4 拓展文化资源

文化是软实力。高校图书馆在为教学科研服务的同时，应该大力拓展文化资源，开展与学校学术、历史、文化相关的文化建设，特别是阅读推广活动，唤醒学生的读书热情，让更多的学生读更多的书。

4.5 启动“休克疗法”

面对数字资源建设的种种困境，我们还能做什么？全国高校图书馆必须联合起来，启动“休克疗法”，坚决抵制不良数据商，迫使迷途的数据商从良，不从良即消亡。我期待这一天早日到来[①]！

（原载《图书馆论坛》2015 年第 4 期）

---

① 程焕文. 全国高校图书馆联合抵制英国皇家化学学会数据库[EB/OL]. (2014－12－30)[2015－03－04]. http://blog. sina. com. cn/s/blog_4978019f0102ve4r. html.

图书馆界的阐释

“程焕文之问”的数据库垄断观解读*

李明理(河南理工大学图书馆)

1 “程焕文之问”的由来

近年数据库的价格问题成为困扰图情界的难题,一些重要的国外数据库居高不下的价格和年度涨幅使图书馆不堪重负。2010年开始,我国发生了抵制国外数据商大幅涨价行为的声讨行动,受到国际图情界的高度关注[①],但并未取得预期效果。DRAA代表我国高校馆与个别数据商进行价格谈判的每个回合都要经历艰难的历程,部分数据商在价格政策上的强硬态度难以改变。

---

* 文系教育部人文社会科学规划基金项目“数据库垄断趋势与图书馆服务创新研究”(项目编号:14YJA870004)和河南省哲学社会科学规划基金项目“数据库垄断趋势下图书馆面临的困局与对策研究”(项目编号:2014BZH012)研究成果。

① 中国科学院国家科学图书馆.我国33家图书馆联合反对个别国际出版商大幅涨价行为[EB/OL].[2013-06-01].http://www.cas.ac.cn/xw/zyxw/yw/201009/t20100909_2957268.shtml.

2013年12月底,高校馆馆长齐聚中山大学图书馆,大家对数据商的涨价行为等表达了不满,程焕文教授在会后发表题为《十问数据商!!!》的博文,批判数据商在定价策略、销售模式、使用规则、合同条款等方面的不合理,矛头直指数据库垄断以及数据商对垄断权的滥用[①]。

2 数据库垄断的形成与趋势

进入21世纪以来,随着信息产业化进程的推进和知识产权保护力度的强化,信息垄断赖以生存的特殊生态环境逐渐形成。信息产品不同于普通商品,具有高固定成本和趋近于零的边际成本、极强的"锁定"(lock in)效应、极高的"时效性"(timelines)、广泛的"网络效应"(network externalities)等特点。这些特点均导向数据商对信息资源的垄断以及垄断地位的稳固性[②]。作为特殊的信息产品,数据库的特殊之处在于它介于纯粹的信息与文学艺术思想的表达之间[③]。从信息的公共产品属性看,信息是社会存在的一种必需要素,应该为所有人免费获取;而从数据库的知识管理与传播功能看,只有对数据库实施严

---

① 高毅哲.数据资源:高校图书馆的痛[N].中国教育报,2014-02-27(3).

② 鄢显俊.信息垄断揭秘——信息技术革命视阈里的当代资本主义新变化[M].北京:中国社会科学出版社,2011:251—253.

③ 马克·戴维森(Mark J. Davison).数据库的法律保护[M].朱理,译.北京:北京大学出版社,2007.

格的法律保护,才能充分激发数据库生产者的投资热情[①]。在这两种力量的博弈过程中,由于知识在经济社会建设中作用巨大,以知识为管理对象的数据库的价值得到世界各国和相关国际组织的认可,数据库获得了知识产权法的强力保护。

数据商“巧妙”地利用一系列对信息资源有效控制的手段来巩固自身的优势地位,归纳起来主要有:①法律保护,包括知识产权法、反不正当竞争法、合同法;②技术控制,包括软硬件技术控制,如软件与数据的完美封装、身份验证、IP 地址限定、访问控制、最大在线用户数、数字图书的复本数;③资源独占,通过独占自身拥有的或通过“独家授权”方式获得的独特信息资源,实现资源独占。在国际上,少数几个大型数据商几乎垄断全球STM(science、technology、medicine)出版市场,覆盖了几乎整个知识产业链;在国内,部分数据商也开始效仿。随着知识产权保护力度的增强和数据库收录的信息数量扩大,数据库的垄断特性进一步显现,并呈现出国际化趋势。

3 “程焕文之问”的数据库垄断观解读

数据库垄断观就是把当前图情界面临的诸多问题放在数据库垄断的大背景下加以分析,进而寻求解决之道。垄断是一种状态,滥用垄断权以获取高额垄断利润是数据商的最终目的。

---

① 肖蕾.电子期刊数据库法律保护模式面临的困境[J].赤峰学院学报(科学教育版),2011(4):70—72.

数据商常用的滥用特殊权利的行为可归为两类:限制竞争性协议和滥用市场优势地位。以我国《反垄断法》相关规定为例,限制竞争协议可分为横向限制竞争协议和纵向限制竞争协议,主要用于限制竞争、巩固垄断地位。滥用市场支配地位的行为包括:①以不公平的高价销售商品或以不公平的低价购买商品;②没有正当理由,以低于成本的价格销售商品;③没有正当理由,拒绝与交易相对人进行交易;④没有正当理由,限定交易相对人只能与其进行交易或只能与其指定的经营者进行交易;⑤没有正当理由,搭售商品或在交易时附加其他不合理的交易条件;⑥没有正当理由,对条件相同的交易相对人在交易价格等交易条件上实行差别待遇;⑦国务院反垄断执法机构认定的其他滥用市场支配地位的行为,旨在直接或间接获取高额垄断利润。下文运用"数据库垄断观"对"程焕文之问"包含的十个问题逐一分析,对照解读。

3.1 "数据库的定价依据是什么?"

第一问是对数据商定价机制的合理性提出质疑。数据商对数据库产品实施的高价策略符合滥用市场支配地位行为第一条,即"以不公平的高价销售商品"。

价格是商品价值的货币表现形式,商品的价格一般由生产成本、流通费用、税金和利润四要素构成,也会受到市场供求平衡程度的影响而有不同程度的浮动[①]。正常情况下,商家会根

① 刘宗太,胡志东.市场营销学[M].北京:中国商业出版社,1997:157—161.

据自身在市场中的竞争地位、产品经营的不同阶段以及同类产品的供求关系来确定不同的定价策略和定价方法。常用的定价策略包括撇脂定价、渗透定价、满意定价，不同的定价策略指向不同的定价方法，主要有成本导向法、竞争导向法、需求导向法、价值导向法。

竞争企业与垄断企业在定价策略上有明显的区别。在正常的市场竞争环境下，商家在选择价格策略时，除考虑成本补偿和适当利润外，还会考虑消费者对价格的接受能力，以及自身在同行业竞争者中所处的地位，常用的定价方法有成本导向定价法、竞争导向定价法。处于垄断地位的商家为追求利益最大化，往往根据自身的垄断程度，通过研究购买者的购买能力及其对商品的依赖程度来确定价格，通常实行需求导向法与价值导向法相结合的方法。由于对信息产品的价值认同会因主体的个体差异而产生不同，需求弹性也存在差异，因而处于垄断地位的数据商会根据客户情况的不同而采取以使用价值或效用为基础的差别定价（也称“歧视定价”）方法①。部分数据商根据用户所处地区的经济发展水平而制定差异销售价格和年度涨幅，并非其对欠发达地区“仁慈”，而是让更多的用户“用得起”数据库产品，目的仍然是攫取利润。

① 王玮. 试论信息商品的定价策略［J］. 情报科学，2001（12）：1318—1322.

3.2 “凭什么在购买期刊全文数据库时数据商要强行捆绑纸质期刊?”

第二问是对数据库销售模式的合理性提出质疑。数据商强行捆绑纸质期刊的行为符合滥用市场支配地位行为第五条,即“没有正当理由,搭售商品”。

“捆绑销售”是指两个或两个以上的品牌或公司在促销中进行合作,以互相扩大影响力。一般情况下,被捆绑销售的产品在功能上具有互补性,互补性越强,消费者越易接受。捆绑销售是数据商惯用的搭售商品方法,规定图书馆要购买数据库,须订购一定数量的纸质期刊,才有资格进入客户联盟[①]。

捆绑纸本期刊的销售模式是数据商采取的“保护”纸本期刊出版商利益的措施。数据库产品的“原材料”是纸本期刊,数据商为降低成本,支付给纸本期刊商的费用有限,常用方式是一次性买断。数据商在制订销售方案时,强行要求购买方保持原有的纸本期刊订数,甚至规定最低的纸本期刊订数,以降低纸本期刊出版商的不满。在垄断的外文期刊出版市场环境下,在保证高额利润的前提下,数据商的“电子 + 纸本”捆绑销售的模式有所变化,让图书馆可取消纸本载体,转成 E-online 模式,实际上图书馆并没有节省多少费用,也没有真正取消电子期刊数据

① 高毅哲.数据资源:高校图书馆的痛[N].中国教育报,2014-02-27(3).

库的纸本捆绑[①]。对图书馆来说,购买数据库的同时被迫购买纸本期刊,既造成内容重复,也增加文献经费的支出。

3.3 “在全文数据库的使用上基本符合二八率,即一个数据库的资源通常只有20%被用户使用,另外80%未被使用的情况下,凭什么还要图书馆为未被使用的80%的资源买单?”

第三问是对数据库产品整体销售模式的合理性提出质疑。整体销售符合滥用市场支配地位行为的第五条,即“没有正当理由,搭售商品”。

整体销售模式存在两种情况:一是学术期刊数据库的整库或分专辑的整体销售模式;二是数字图书、学位论文及标准专利等数据库的按册销售模式。对整体销售模式来说,如果去掉80%未被使用的数据而价格不变,数据商乐意实施。问题是数据库属于经验类产品,图书馆和数据商都不可能事先知道哪些资源会更有用,哪些资源难以被使用,也就是说,80%未被使用的数据的存在是必然的。不过,数据商在制定销售价格或在与图书馆谈判时,往往强调收录期刊的种类和文献篇数,给用户以数量巨大的印象,并且数据商在制定销售方案时,不会考虑究竟有多少有用,通常采用整体销售模式。而对按册销售模式来说就不同了,虽然有些数据商可以让用户在其提供的数据库目录

---

① 向林芳. 外文电子期刊数据库捆绑纸本订购模式分析[J]. 图书馆学研究, 2012(3):52—57.

中进行选择订购,但同样存在对经验类产品难以把握的问题,即用户要对没有把握的不被使用的数据付费。从效用价格理论角度出发,科学的价格方案应结合数据库的使用效果和用户评价来制定,使用量非常小或未被使用部分的费用应予以减免。

3.4 “数据库不是不可以涨价,可是涨价总得有个规矩,每年的涨价幅度控制在通货膨胀率之下,一般不会超过图书馆的心理承受能力。凭什么有的数据商动不动就每年涨价20%,甚至更多?”

第四问是对数据商不合理涨价的质问。涨价问题的实质仍然是定价策略问题,符合滥用市场支配地位行为第一条,即“以不公平的高价销售商品”。

对数据商而言,“不是不可以涨价”的说法相当宽容,因为并没有确切的理由指向数据库一定需要涨价的结论。一般而言,可能导致数据库产品涨价的因素有数据量增加导致生产管理成本上升、数据库管理系统版本升级、软件功能增加和完善、系统易用性增强、人工成本提高、原材料价格上涨、销量减小、通货膨胀。不过,同样存在很多可能导致价格下降的因素,比如数据库生产效率提高、产品销量增加、原材料价格下降、集团采购节约销售成本。数据库产品价格的起伏最终取决于这些因素的共同作用。

数据库建设之初,数据商需对纸质文献进行扫描识别等加工处理,工艺烦琐,建库所需设备等投入也大,数据库建设成本较高。随着数字出版技术提高,出版物本身是电子文档,数据商只需进行简单的格式转换。同时,数据库管理技术不断提高,用户数量不断增加,DRAA 联盟采购方式降低了数据商的销售成本,所有这些因素都能降低数据商的运营成本,降价因素的作用应十分明显。但部分国外数据商无视这些降价因素的存在,一味强调我国 GDP 增长和通货膨胀,并以发达国家的价格为参照来确定对我国的年度价格涨幅,这显然站不住脚。

3.5 “凭什么在数字图书的使用中要采用与图书馆纸质图书借阅相同的办法,每次只能一个用户借阅?”

第五问是对数据商不合理限定用户使用方式的不满。限定用户使用方式的行为符合滥用市场支配地位行为第五条,即“没有正当理由,搭售商品或在交易时附加其他不合理的交易条件”。

一般情况下,商家对出售后的商品的使用与转让不加干涉。普通商品的销售遵循权利穷竭原则(exhaustion of rights),即知识产权所有人生产的知识产权产品,第一次投放市场后,权利人即丧失在一定地域范围内对它的进一步控制权,权利人的权利即被认为用尽、穷竭了。适用权利穷竭原则的前提是商品须具有固化载体。由于数字信息产品借助互联网进行传播以及终端设备进行浏览,传统意义上的固化载体不复存在,著作权权利穷竭制度失去了存在的基础,这为数据商将垄断权滥用扩展到用户对数字信息产品的使用过程之中提供了“充足”的理由。部分数据商制定霸王条款,逼迫用户花更多的钱以获得更好的服务,比如数字图书按照纸本图书的借阅办法(每个“复本”只能一个用户借阅)、在线用户数限制、日最高单篇文献下载量限制、单个用户单位时间内文献传递请求数量限制。

有观点认为,在数字信息时代,数据商对数字文献实施"复本"控制是不得已而为之,理由是:如果数字图书体现不出"销售量""版税"等概念,势必影响上游出版单位的投入,从长远看可能会制约数字图书馆乃至整个网络出版产业的可持续发展。实践中,国内外均有采用"复本数"来控制数字图书的利用模式。美国著名的技术提供商 NetLibrary、Overdrive、Libwise 均采用复本数技术模式,我国许多出版社也倡导复本控制模式,认为这种模式能有效保护出版社和作者的利益,是数字出版持续发展的有力保障①。然而,从图书馆和知识用户角度看,该模式不利于知识的传播和利用,因为信息产品是经验性产品,"复本"很难在事前确定,且用户对某种文献的临时性高并发访问需求(如图书馆进行导读推荐、教师指定教学参考用书、项目申报等时期)无法得到满足。数据商实施复本控制模式的意图非常明显:逼迫用户为摆脱复本限制而购买更多的复本,支付更多的费用。

3.6 "凭什么数字图书的销售价格有时甚至要高过纸本图书?"

第六问是对数字图书价格高于纸本图书价格的质疑。数字图书销售商制定垄断高价的行为符合滥用市场支配地位行为第

① 梁钦. 四顽疾阻碍数字出版[J]. 每周电脑报,2005(18):10—11.

一条，即“以不公平的高价销售商品”。

数字图书的价格是否一定低于纸本图书值得商榷，因为数字图书的自身价值、作者知名度、时效性与创新性、适用对象的范围及层次、使用评价、授权方式、出版类型、销售方式、使用模式等对价格影响大。相较于学术期刊，数字图书最大的特点是具有系统化的知识结构，单册（套）可读性较强。因此，数字图书的销售模式五花八门：有建成数据库进行销售的，有单册提供在线浏览或下载销售的；有自主出版发行的，有授权其他经销商发行的；有一次性买断经营权的，有销售收入按比例分成的。繁杂的合作模式折射出知识贡献者、出版商、经销商、平台商之间的利益博弈。在美国，曾因亚马逊的强制限价而遭到出版商强烈抵制，后随着其他数字图书销售平台不断加入而有所改善；在日本，由于数字出版商采取精细加工与标注的制作方式，以及为作者支付电子版税，导致数字图书的价格往往高于印刷版①；在我国，由于电商掌握移动阅读平台技术，一度出现超低的数字图书销售价格（一般为纸本书价格的20%—25%）②，甚至有电商采用免费提供数字图书，依靠销售阅读终端或广告收入的经营模式③。

在数字图书的经营方面，对于读者对象范围较广、需求弹性较大的大众读物，可替代性强，竞争激烈，多采用薄利多销的营销模式；而读者对象单一、需求刚性较强的工具书、专业著作可

---

① lizhen. 日本电子图书为何比印刷版还要贵？[EB/OL].[2014-11-26]. http://www.recordjapan.net/news/28717.

② 薛凯. 电子书发展现状分析[J]. 印刷技术，2009(1)：51—52.

③ 沈明. 数字图书的价值与价格[N]. 中国新闻出版报，2013-06-27(4).

替代性弱,存在垄断性经营模式,部分数字图书价格远远高于纸本图书。与数字期刊数据库相比,数字图书的管理简单,一方面,随着数字出版技术发展,数字图书的加工处理仅仅是格式转换,加工成本逐渐减小;另一方面,随着存储设备单盘容量快速增长,数字图书的存储成本不断下降。考察国内外大部分数字图书的销售情况,数据商数字图书的价格远远高于纸本图书,属于垄断高价销售商品行为。

3.7 “凭什么图书馆在购买数据库的使用权后,因无力继续购买而不能拥有已经购买使用权年限的数据库的永久使用权?”

第七问是对数据商不合理销售模式提出质疑。这种行为的实质是一种附加不合理条款,符合滥用市场支配地位行为第五条,即“没有正当理由,在交易时附加其他不合理的交易条件”。

与一般商品的销售不同,我国大多数数据库产品一般定价方案是:针对数字资源的购买价格,比如一本数字图书的价格,一条标准的价格,平台费用赠送,往往提供本地镜像方式,合同约定用户如果停止订购,仍然拥有原订购产品的使用权。而多数国外数据商的销售理念是:针对数据库整体的在线使用权,比如,结合用户机构人数或点击量确定年度在线使用费,一般不提供本地镜像方式,合同约定用户如果停止订购,将丧失所有订购产品的使用权。原因很简单,用户支付的是数据库使用费,而非购买数据库产品本身。这种销售理念强调数据库的在线服务功能,剥夺了用户对数据库中汇编数据的继续使用权。

信息商品的价值存在合理的生命周期，一般情况下，信息产品的价值会伴随其存在时间延续而逐渐衰退。数据库是各类型信息产品的集合，具有双重功能：一是为用户提供信息检索和知识发现服务；二是为用户提供信息产品本身。数据库产品价格既包括管理系统，也包括信息本身。仅仅把用户支付的费用作为租用费的合同约定是单方面的霸王条款，是数据商对用户制定的不合理交易条件。

3.8 “凭什么数据商要将高影响因子的期刊，或者某个主题的期刊，从综合性的期刊全文数据库中抽出来，单独建库暴利销售？”

第八问是对数据商不合理销售模式的质疑。该行为符合滥用市场支配地位行为第一条，即“以不公平的高价销售商品”。

数据库产业存在两条发展路径：一是内容比较全面的综合数据库，如 Elsevier 的 ScienceDirect、EBSCO、Wiley、CNKI、万方、维普；二是内容单一的专题数据库，如美国的 APS、ACS，我国的北大法宝数据库、CCER 中国经济金融数据库。无论是综合数据库还是专题数据库，都有适合的用户群体。综合数据库往往也采取分专辑的销售策略，以满足不同类型用户的特殊需求。综合数据库因收录文献全面且文献数量大，具有较为广泛的适用性，比较适合高校及区域性集团用户使用；专题数据库更适合企业及科研院所用户使用。但有一种极端的做法应另当别论：将本属于综合数据库的学术影响力较大的某一学科中的部分或全部专业期刊抽出来，单独建库销售。因为它并不是综合数据库中的一个子库,而是作为独立产品进行销售,目的并非方便用户选购,而是谋取更高的垄断利润。

高影响因子的学术期刊对从事科研的团体或个人来讲,利用价值更高,于是依赖性更强,也意味着更高的销售价格。从综合类数据库中将影响因子高的重量级期刊抽出来单独建库的行为是数据商对“层次定价策略”的运用,即数据商根据用户的不同购买能力“开发”出适合不同群体的产品,售价很高。以某数据商为例,其综合类数据库收录了学位论文、学术期刊论文、会议论文、百科全书及年鉴、档案等多种类型数字文献,馆藏记录超过 18 亿条,而其某学科的专题数据库只收录该学科 179 种学术期刊的 99 万页的全文内容,但两者 2014 年度的销售价格非常接近,高影响因子期刊单独建库后售价之高可见一斑。

3.9　“凭什么数据商在签订购买合同时要强行规定不允许图书馆做任何元数据的关联？这与图书馆购买图书后出版商不允许图书馆编目有什么区别?”

第九问是对数据商对数据库产品制定的不合理使用方式的质问。该行为符合滥用市场支配地位行为的第五条,即“没有正当理由,在交易时附加其他不合理的交易条件”。

关联(relation)是计算机编程语言中的术语,作用是在两个或两个以上的知识单元之间建立起一种关系,以便能从相互关联的任何一方找到另一方。元数据的关联是数据库检索与推送服务所必须进行的一种标引操作和状态,也是大多数数据商与用户签订购买协议时限制最多的内容。在这种合同规定下,未经数据商许可,用户无权对数据库的元数据进行任何抽取、重组或链接操作。限制了对数据库元数据的关联也就剥夺了图书馆对不同数据库进行整合的权利,图书馆依赖元数据进行高层次的知识服务就难以实现。

数据库的功能除了提供原始文献的检索、浏览外,更大的优势是数据资源的规模效应。元数据越多,知识挖掘和知识发现的能力就越强。数据商为了打造竞争优势,一方面尽可能收集期刊源,另一方面想尽办法限制其他数据库的发展。

限制图书馆做元数据关联的一个目的是数据商害怕图书馆进行大规模的元数据仓储建设,从而削弱对数据商的依赖。随着信息技术的快速发展,对大数据的管理和开发是新的科研范式的必然需求,如果数据库之间缺乏关联,将产生更多的"信息孤岛",这是数据商对图书馆职业权利的无情剥夺!

3.10 "凭什么数据商不向图书馆提供详细的用户使用报告?"

第十问是对数据商提供的服务存在瑕疵的批评。该行为符合滥用市场支配地位行为第五条,即"没有正当理由,在交易时附加其他不合理的交易条件"。

信息产品属于经验类产品,其价值要在使用过程中才能准确地认知。因此,对数据库的使用效果进行评价一直是用户非常重视的一项工作。信息产品的使用评价需要对信息的检索、浏览、下载、引用等信息行为进行综合考察,而对这些信息行为的捕捉和记录均依赖数据库管理系统。目前一般第三方的系统很难嵌入数据库系统,所获取的信息仅能记录简单的操作,如点击次数、停留时间。

数据库的价值在于对知识实施有效管理与促进知识的广泛传播,数据库的效用必须靠数据库使用情况进行评价。然而,数据库的使用情况统计由数据商提供。每个数据商的统计数据是否详尽和完善仅仅是一个功能需要完善的问题,更重要的是数据商提供的统计功能缺乏透明度。用户得到的数据库使用情况统计是如何计算的、是否可靠、是否科学等问题,用户无法确定。特别是对按照点击量设计付费档次的数据库,用户使用情况统计的公平性显得更为重要,比如,用户对点击和下载次数是否可见、是否受网速影响,点击后未打开的页面是否被统计在内,同一读者在短时间内的连续点击和下载次数是否被重复计算,这些信息如果仅对数据商可见,其公平性和可信度有待考证。

4　结语

无论是在国内还是在国外,数据库垄断的范围和程度均呈不断扩大的趋势,数据商为了追求自身利益最大化,不惜牺牲用户利益,肆意滥用垄断权。数据商滥用垄断权的表现远不止这十个方面,还有数据库在线用户数限制问题、对“不规范”使用数据库行为设置的阈值过低问题、数据库合理使用权限不足问题、对数据库“违规使用”行为的处罚过于严厉问题等。DRAA近期陆续公布国外数据库2014—2016年谈判周期的最终方案,SD、Science等权威数据库的价格继续“涨声”一片,RSC甚至单方面宣布中止与 DRAA 的集团采购方案谈判。与此同时，我国部分数据商扩展独家资源规模的“独家授权”行动也仍在继续。由此可见，在知识产权保护力度不断强化的背景下，数据库垄断以及数据商滥用垄断权的现象可能会长期存在，图书馆将面临越来越严峻的考验。

“程焕文之问”不只是对数据商滥用垄断权行为的质问，更是对当今知识生态中诸多不合理运行规则的抨击。21 世纪是知识经济时代，知识已成为推动社会发展的第一动力，面对数据库垄断以及数据商滥用垄断权的现实，作为人类知识保存和传播的重要机构，图书馆应积极应对：在维护正当权益方面，要团结一致，集体维权，通过媒体发出正义的呐喊，让部分数据商违反“公序良俗”的不良行为有所收敛；在信息资源建设方面，应加大对 OA 资源的支持力度，建立和完善数据库管理平台，加大对 OA 资源的整合利用，逐步减少对数据库产品的过度依赖；在知识服务方面，应大力加强馆际合作，构建世界范围内的图书馆联盟服务体系，充分利用豁免权，最大限度地满足读者的信息需求。可以预期，通过这些措施的综合运用，可逐渐削弱数据商的优势地位，最终达到化解危机的目标。

（原载《图书馆论坛》2015 年第 3 期）

"程焕文之问":原因与出路

——对外文期刊数据库采购工作的思考

王春生(西安政治学院图书馆)

2014 年 1 月 3 日中山大学程焕文教授发表题为《十问数据商!!!》的博文,主要涉及期刊数据库的定价策略、销售模式、售后服务等内容,体现了我国图书馆界对期刊数据库订购的不满和思考。2014 年年底发生的全国高校图书馆联合抵制英国皇家化学学会数据库事件是这些不满情绪的再次爆发。2015 年初学者李明理将《十问数据商!!!》设成"程焕文之问"[①],随后《图书馆论坛》开设"'程焕文之问'专题研讨"栏目,成为相关问题讨论的重要平台。本文拟就"程焕文之问"的产生原因和出路进行探讨。

① 李明理."程焕文之问"的数据库垄断观解读[J].图书馆论坛,2015(3):1—8.

1 “程焕文之问”产生的原因

目前国内外期刊数据库的主流销售模式是 big deal(大宗交易)模式。大宗交易是国外为解决学术期刊危机而于 1996 年创造出来的,其基本特征是:出版商或期刊供应商(以下统称“数据商”)将一个或几个电子期刊整合成一个期刊包(即期刊数据库),以一个总体价格销售给图书馆,合同期限多为 3—5 年,合同期内每年均有一定的价格涨幅①。对图书馆来说,大宗交易具有期刊均价低、种类多、性价比高等优势,能快速提高电子期刊提供能力,因此受到许多图书馆的欢迎,也为很多图书馆联盟所采用。我国图书馆采购国内外期刊数据库主要采用这种模式。从另一方面看,大宗交易也有整体价格高、合同价格每年涨幅较大、期刊选择余地小、合同期限长,以及图书馆不能根据经费情况及时调整期刊采购等弱点②,因此饱受诟病,2009 年后国外更出现很多图书馆因无力承担费用而退出大宗交易的现象。数据集成商 EBSCO 于 2010 年、2011 年两次对欧美地区学术图书馆进行的调查显示,分别有 58%、62% 的图书馆表示会停止

① Frazier K. The librarians' Dilemma:Contemplating the Costs of the“Big Deal”[J/OL]. D-Lib Magazine,2001(3).[2014-04-05]. http://www.dlib.org/dlib/march01/frazier/03frazier.html.

② 王春生.大宗交易:学术期刊采购危机的“对策”与“推手”[J].国家图书馆学刊,2014(6):47—52.

大宗交易采购模式[①]。国外多次出现的抵制数据商行动均是图书馆界、学术界对大宗交易模式不满的集中爆发。由此可见,我国图书馆遇到的期刊数据库采购及使用问题,国外图书馆也存在。"程焕文之问"之所以被提出并引起关注,有特殊原因。

1.1 对国外数据商的销售策略并不完全理解

电子期刊在出现之初是免费提供给纸质期刊订户使用的。随着学术期刊内容的学科专业不断细化,期刊数量和价格不断增加,造成单个纸质期刊的订购数量不断减少。当数据商依靠纸质期刊订购费难以实现盈利时,将电子期刊打包销售成为其为确保利润而采取的新销售模式。在大宗交易模式下,纸质期刊有时变成期刊数据库的赠品。由于国外数据商同时销售纸质期刊和电子期刊,无论采用何种销售策略,数据商都要确保收入不减少。数据商首次向某个图书馆客户提出的期刊数据库大宗交易价格,一般是以该客户当前订购自己的纸质期刊的总金额为基础,进行一定比例的加价。换句话说,由于是纸质期刊和电子期刊捆绑在一起销售,数据商不会因为销售电子期刊而影响自己的利润。数据商在不能确保利润得以维持或增加的情况下,不会允许图书馆因订购数据库产品而减少纸质期刊的订购。采用大宗交易后,数据商会允许图书馆减少或停止订购纸质期刊,但当前订购纸质期刊的费用要加到数据库的销售价格之中。

---

① 王春生. 国外图书馆退出大宗交易现象分析[J]. 大学图书馆学报,2014(4):5—10.

这一点与我国中文期刊数据库的情况差异较大。我国中文期刊数据商并不销售纸质期刊,所以不会在确定期刊数据库价格时考虑纸质期刊的销售收入。我们批评国外数据商将期刊数据库与纸质期刊捆绑销售,一定程度上是因为忽视了中外数据商在期刊数据库销售方面的不同,没有看清国外数据商的销售策略。

1.2 对国外数据商定价策略认识不全面

国外数据商的学术期刊定价有大宗交易价格与目录价格之分,也就是有批发价与零售价之分,后者远高于前者。大宗交易价格的每年上涨幅度远低于目录价格涨幅。图书馆按品种挑选电子期刊和纸质期刊时接受的都是零售价。图书馆选购比大宗交易期刊包规模小一些的期刊包时,接受的是介于二者之间的价格。大宗交易期刊的平均价格虽然很低,但由于图书馆需要的和不需要的都要买,大宗交易期刊包价格却不低,数据商因此保住利润。如果图书馆像购买纸质期刊那样一种一种地挑选电子期刊,同时希望享受大宗交易的批发价格,说明我国图书馆对国外数据商定价策略的认识并不全面,因此难免会与数据商产生矛盾,进而感到愤怒和不解。

1.3 我国新兴市场的特点使外文期刊数据库价格涨幅超过国外

对数据商来说,我国是新兴市场。新兴市场的第一个特点是出于占领市场的目的,数据库起始价格比较低。很多国外数据商刚刚进入我国时都采用过低价策略。爱思唯尔(Elsevier)在2000年进入我国时,开出的价码仅是每校每年最少订购2万美元纸质期刊,在此基数上再花3万美元左右便可获得ScienceDirect的使用权①。有消息指2010年我国图书馆采购爱思唯尔ScienceDirect数据库的价格仅相当于美国、日本市场价格的40%②。低价使国外数据商迅速占领我国市场,令我国读者养成"外刊依赖"。读者的学术期刊需求是刚性的,替代性差,读者需要A期刊时,图书馆不能使用B期刊来满足读者的需求。在经费许可的情况下,图书馆不会因为数据库涨价而停购。

新兴市场的第二个特点是数据库价格涨幅大,因为数据商在占领市场后,会设法挽回或减少以前采取低价策略造成的损失。以浙江工业大学图书馆为例,2008年采购爱思唯尔数据库的价格为38万余元,2009年上升28%,达到53万余元,2010年更达72万多元③,较2008年上涨89.4%。而爱思唯尔同期与美国高校图书馆签订的大宗交易合同价格年涨幅仅为5%—6%④,中外差异惊人。巨大的涨幅当然会让我国图书馆界愤怒,但这也是我国新兴市场的特性使然。

---

① 高毅哲.数据资源:高校图书馆的痛[N].中国教育报,2014-02-27(3).

②③ 童桦.数据下载没有免费午餐[N].浙江日报,2013-10-03(4).

④ Taylor-Roe J."To Every Thing There Is a Season":Reflections on the Sustainability of the"Big Deal"in the Current Economic Climate[J].Serials,2009(2):113—121.

1.4 期刊数据库巨大的商业再开发价值限制了图书馆对数据库的使用

相对于纸质期刊,电子期刊的一个重要特点是便于再开发。在大数据时代,期刊数据库再开发的商业价值巨大,为数据商带来新的利润增长点,如知识发现系统就是利用数据库中的元数据进行再开发后形成的新数据库产品。因此,数据商会设法保留数据库再开发权利。如果数据商放开对元数据整合等数据库再开发的限制,可能会出现数据商为其他商家作嫁衣的现象。因此,数据商限制图书馆对所采购数据库的数据进行编目、链接等二次开发。尽管有数据商在社会压力下允许图书馆用户对图书馆采购的数据库进行文本数据挖掘,但这种二次开发的范围有限制[①]。总体上,目前图书馆对商业数据库的再开发处于限制较多的阶段,根源在于数据商保护自己的经济利益。图书馆虽然对数据库进行再开发是为了读者更方便地使用资源,但数据商对自身利益可能会受到损害的担心也是客观存在的,而图书馆界对这种担心并不一定了解,即使了解,也不一定承认其正当性。这样一来,图书馆难免会对数据商限制数据库的使用产生疑问。

---

① ACR L. Top Trends in Academic Libraries:A Review of the Trends and Issues Affecting Academic Libraries in Higher Education [J]. College & Research Libraries News,2014(6):294—302.

1.5　图书馆采购纸质期刊与电子期刊的标的存在巨大差异

同样是进行期刊采购,采购纸质期刊和电子期刊的实际标的有差异。外文期刊数据库绝大多数情况下是以在线服务而非本地镜像的方式提供给图书馆。换句话说,图书馆采购外文期刊数据库,绝大多数情况下,实际上采购的是某一时间内的数据库使用权,而不是数据库的所有权。所以,合同期限一到,图书馆读者就无法使用数据库。图书馆采购纸质期刊获得的是纸质期刊的所有权,读者可以无限期使用。尽管如此,图书馆还是愿意采购电子期刊,因为电子期刊在检索便利性等方面具有优势。图书馆不可能在享受期刊数据库各种便利性的同时,不承受使用时间受限等诸多不便。否则,表明图书馆还在以采购纸质期刊的思维来看待期刊数据库采购。进行外文期刊数据库的镜像存储可以确保图书馆对所采购数据库的长期使用,但一些国外数据商不太愿意允许我国图书馆在国内或本地进行数据库镜像存储。

总之,"程焕文之问"的产生既有数据商利用其垄断优势,过度保护自身利益的原因,也有我国数据库市场是新兴市场的原因,更有图书馆对期刊数据库采购诸多环节的特点了解不深、存在一定误解的原因。核心问题是数据商与图书馆双方在外文期刊数据库交易过程中地位的不平等,数据商由于掌握了垄断性资源而在交易中处于优势地位,会处处以自身利益为先,很难以平等的方式进行期刊数据库交易。

2 “程焕文之问”的出路

在数据商占据数据库交易主导地位,图书馆读者对信息资源存在刚性需求的背景下,“程焕文之问”十全十美的解决方案并不存在。国外图书馆以大宗交易方式采购期刊数据库时,其面临的问题与我国图书馆大致相同,其解决问题的主要办法是:选购规模较小的期刊包或按品种选购电子期刊;停止订购期刊数据库,以馆际互借或文献传递方式满足读者需求;以按篇付费(PPV)方式订购期刊数据库;积极资助读者以开放存取方式出版科研成果,美国科学公共图书馆等还出版开放存取期刊;呼吁读者不为数据商的学术期刊出版提供支持。这些措施取得了一定成效,但也存在数据商限制文献传递服务、按篇付费价格偏高、读者滥用等问题。借鉴国外图书馆的做法,要解决“程焕文之问”,应从五方面努力。

2.1 图书馆应增强谈判能力,获取有利的采购条件

外文期刊数据库采购是商业行为,合同签订的过程也是博弈的过程,图书馆需要以较高的谈判能力来确保有利于自己的博弈结果。从国外图书馆实践看,专业谈判人才参与数据库交易谈判能为图书馆赢得较好的结果。加利福尼亚数字图书馆2003年代表加州大学的9个校园与爱思唯尔进行大宗交易合同续约谈判时雇用了专业谈判人员,不仅实现5年合同期开始

的2004年的费用较2003年下降9%,而且2005—2008年的年度涨幅分别只有2%、3%、4%、5%[①]。2008年在我国大陆图书馆界抱怨数据商不断涨价时,我国台湾同行却传来爱思唯尔降价并赠送纸质期刊的消息[②],究其原因,除图书馆界共同努力外,高超的谈判技巧非常重要。

我国图书馆界面对外文期刊数据库采购过程中遇到的种种问题,一味抵制并不能解决问题,因为读者需要这些数据库,数据商有说"你可以不买"的底气。增强图书馆与数据商谈判的能力是较好的解决之道。图书馆界抱团取暖,形成合力;向读者宣传图书馆的困境,争取读者支持;了解读者对数据库的真实需求,准确计算数据库采购经费的真实使用效率;借鉴国外同行在应对相同问题时的有效做法;积极了解开放存取运动进展及其对数据库销售的影响(如了解数据商应在合同中扣除哪些已实行开放存取的期刊的订购费用),都能提高图书馆的谈判能力。此外,提高谈判人员的谈判技能也是增强图书馆谈判能力的重要方面。如果图书馆现有人员不能胜任商务谈判这类专业性强的工作,必要时可聘请专业人士加入谈判队伍,以提高图书馆的谈判能力。

2.2 改变图书馆的资源采购模式

对包含太多低使用率期刊的外文期刊数据库,图书馆应该

---

① Bergstrom T. C. Librarians and the Terrible Fix:Economics of the Big Deal[J]. Serials,2010(2):77—82.

② 张国. 合作抗衡 台湾赢了[N]. 中国青年报,2008-06-04(3).

改变采购模式:①由购买大的期刊包转为购买专业性更强的小期刊包。尽管购买小期刊包会导致所购期刊的平均价格上涨,但由于减少期刊品种,总价往往会降低。②采用按篇付费的方式进行期刊数据库采购。但需注意的是,按篇付费的价格较高,下载后可能还有使用时间限制[①]。③采取核心期刊订购 + 外围期刊按篇付费的模式采购期刊数据库,既减少读者利用数据库的不便,又可以节约经费。当然,像国家图书馆采购剑桥期刊电子回溯库(Cambridge Journals Digital Archive)那样的全国授权资源采购模式,对众多图书馆来说最好不过。无论采取何种新的采购模式,都要注意新旧采购模式的经费比较平衡点,以节约经费为新采购模式的基本要求。无论是按篇付费还是选购小期刊包,其实对读者使用数据库的便利性都有影响。采用新的采购模式,要确保不出现读者使用数据库的便利性受影响、采购经费却没节约的现象。外文期刊数据库采购要尽量增加国内存储或本地存储服务模式,确保大宗交易合同到期后读者能继续使用本地或国内存储的数据。

2.3 做好开放存取

开放存取被看成是对抗外文期刊数据库涨价的有力措施,图书馆界对其寄予厚望。我国许多图书馆对网上开放存取资源进行链接,有的还进行简单的整合。一些图书馆积极推动和参

---

① 王春生.大宗交易:学术期刊采购危机的“对策”与“推手”[J].国家图书馆学刊,2014(6):47—52.

与机构知识库建设,促进本单位学术论文的开放存取。尽管开放存取还存在这样那样的问题,但图书馆界仍应继续做好开放存取这篇文章,加大对开放存取的支持。2014 年 1 月实施的高能物理开放出版计划(SCOAP3)是一个某个国家只要有一个馆参与,该国图书馆都可以免费享用出版计划涉及的期刊资源的开放存取跨国合作项目①,国家科技图书文献中心代表中国参与该项目。这是图书馆界通过联合资助开放存取出版活动,减少资源采购经费开支的有益尝试。

网络上已有的开放存取资源,图书馆在进行链接、推荐的基础上,还要进行深度挖掘和整合,作为本馆重要的信息资源,甚至作为停购某些外文期刊数据库后的备用资源。大力推动本单位科研成果(包括发表在国外期刊的成果)通过机构知识库实现开放存取。如果每个大学或科研机构的科研成果都通过机构知识库实现开放存取,读者就有获取学术信息的新渠道,图书馆在谈判时也会有一定的底气。2014 年 5 月中科院和国家自然科学基金委员会发布了受资助项目科研成果开放存取政策,对我国的开放存取运动是有力的促进,可以增加大量开放存取的外文期刊学术论文资源。

2.4 做好读者宣传工作

读者是图书馆所购数据库的使用者,数据库采购与读者利

① 国家科技图书文献中心代表中国加入国际高能物理开放出版资助联盟(SCOAP3)[EB/OL].[2015-02-15]. http://www.nstl.gov.cn/NSTL/facade/news/newsIn-fo.do? act=toNewsContent&id=121683.

益直接相关。图书馆要做好读者宣传工作，让读者明白图书馆在采购外文数据库方面遇到的问题，争取读者的理解和支持。由于一些读者本身就是国外学术期刊的评审人，他们的理解和支持对图书馆解决采购外文期刊数据库方面的窘境有帮助。国外一些科研人员停止为高价学术期刊提供审稿等专业性支持，创办非营利期刊或开放存取期刊，呼吁同行将学术成果投向开放存取期刊，都是读者在了解数据商以不利于学术信息交流的方式销售数据库的实情后，反对数据商阻碍学术信息交流行为的具体行动。我国图书馆在读者宣传工作方面还需努力，读者对图书馆停购某些数据库的原因不了解、不理解，把怨气出到图书馆头上，造成图书馆工作的被动。图书馆是为读者购买数据库，应该让读者了解数据库采购的真实情况。读者的理解可以为图书馆争取更多的经费支持，也可以在图书馆被迫停止采购某个数据库时，使图书馆服务顺利过渡到新的服务模式。

2.5 改变学术信息交流模式是“程焕文之问”的彻底解决之道

数据商的垄断地位是图书馆外文期刊数据库采购及使用过程中诸多问题的根源。数据商的垄断地位与学术信息交流模式密不可分。目前的学术信息交流模式是“学者创造科研成果→出版商（数据商）出版学术期刊发表成果→图书馆采购学术期刊→学者使用学术期刊创造新的科研成果”。

现在国际上大部分学术期刊的出版集中在为数不多的出版商之手。期刊数据库销售的集中度更高，因为一个数据商的期刊数据库可能会集合若干个出版商的期刊。数据商抓住学术期刊出版这个学术信息交流关键环节,同时控制学者发表学术成果的渠道和学者获取学术信息的源头。开放存取在一定程度上打破了数据商的控制,也就在一定程度上缓解图书馆采购数据库的压力。目前通过网络进行学术交流越来越普遍。如果随着网络的发展,彻底改变现有的学术信息交流模式,消除数据商对学术信息交流过程的控制,"程焕文之问"就能得到彻底解决。当然,这牵涉科研成果评价等一系列问题,不是图书馆一家努力就能够实现,也不是一朝一夕能够实现。我国图书馆还要密切协作,以联盟形式进行资源采购时要行动一致,避免被数据商各个击破。要发展壮大图书馆联盟,做好文献传递工作,既增加与数商交涉的底气,也在被迫停止大宗交易时能够为读者提供替代性服务。总之,在现有学术信息交流模式没有彻底改变前,图书馆的种种努力只能在一定程度上缓解因数据商垄断造成的图书馆采购外文期刊数据库的能力危机,但这些努力值得图书馆界尝试。

(原载《图书馆论坛》2015 年第 5 期)

国外图书馆应对大宗交易困境的措施

王春生(西安政治学院图书馆)

大宗交易(big deal)是近二十年国外图书馆订购大型商业出版商电子期刊资源的主流交易形式。近年来由于经济不景气,图书馆经费停止增长或者被削减,图书馆被迫停止以大宗交易方式购买电子期刊资源已经成为一个备受关注的现象,引发了许多讨论。美国图书馆协会(ALA)所属的图书馆藏书与技术服务协会(ACTL)和Elsevier所属的*Serials Review*杂志曾分别在2011年10月和2012年年初就图书馆退出大宗交易现象组织了论坛或书面讨论[①]。国内图书馆订购外文期刊电子资源的遭遇和国外图书馆相差不大。程焕文教授2014年1月3日发表的题为《十问数据商!!!》[②]的博文在一定程度上反映了国内图书馆的困境和图书馆人的愤慨。既然国内外图书馆都面临着订购

① Boissy Robert W, et al. Is the "Big Deal" Dying? [J]. Serials Review, 2012(1): 36—45.

② 程焕文. 十问数据商[OL]. [2014-02-05]. http://blog.sina.com.cn/s/blog4978019f0102e5zu.html.

电子期刊资源方面的困局,国外图书馆的种种应对措施,或许能为国内图书馆界提供有益的借鉴。

1　大宗交易及图书馆的大宗交易困境

大宗交易是指大型期刊出版商将旗下全部或绝大多数期刊整合成一个资源包,并以在线方式进行销售的电子期刊资源销售模式。作为一种期刊资源销售模式,大宗交易最早是由美国学术出版社(Academic Press)在1966年作为应对期刊危机的一个解决方案而推出的[①]。这一电子期刊资源销售方式后来被美国威斯康星大学麦迪逊分校(University of Wisconsin, Madison)图书馆的 Kenneth Frazier 称为"big deal"[②],也就是大宗交易。大宗交易的主要特征是:①一个资源包,一个价格,要么全买,要么全不买。②合同期限一般为数年(如5年)。③设定合同期限内每年价格涨幅(price cap)。④期刊初始平均价格低廉,图书馆只需在已经订购的某一出版商纸质期刊价格基础上增加一定的费用(如15%,有的只有5%),即可使用包含了该出版商所有期刊的资源包(即 package 或者 collection)。当然,根据每次

---

① Poynder R. The Big Deal: Not Price But Cost[J/OL]. Information Today, 2011(8). [2014-03-31]. http://www.infotoday.com/it/sep11/The-Big-Deal-Not-Price-But-Cost.shtml#top.

② Frazier K. The Librarians' Dilemma: Contemplating the Costs of the "Big Deal"[J/OL]. D-Lib Magazine, 2001(3). [2014-02-05]. http://www.dlib.org/dlib/march01/frazier/03frazier.html.

合同签订时的具体情况，大宗交易合同在内容上也会略有变化，如合同涉及的资源包有时不再是一个出版商的全部期刊，一些小的出版商为改变在与大出版商竞争中的不利地位也联合起来推出大宗交易，其资源包就是几个出版商的期刊等，但大宗交易的主要特征并没有太大变化。随着时间的推进，纳入大宗交易的资源不再仅限于电子期刊资源，会议论文、学位论文、电子图书等资源也都在以大宗交易方式进行销售。不过本文的讨论仅限于电子期刊资源。

大宗交易作为一种新的期刊资源销售方式受到了出版商和图书馆的欢迎。对于出版商来说，大宗交易降低了交易成本和管理成本，并能带来稳定且可持续增长的收益。对于图书馆来说，大宗交易也有许多好处：①大宗交易可以迅速增加图书馆期刊资源馆藏。如澳大利亚图书馆理事会（CAUL）成员馆的现刊数量在 1999 年仅有 8285 种，2004 年时迅速增加到 43 782 种，其中 86% 的期刊是通过大宗交易购买的[①]。②经费使用效益高。曾有人针对大、中、小型规模高校的不同情况，比较不同类型出版商（营利和非营利、不同学科）的期刊资源按品种订购、以大宗交易方式订购、按篇付费（pay-per-view，简称 PPV）等不同采购模式下的经费使用效益，大宗交易模式都是最好的[②]。③期刊初始平均价格低廉。图书馆只需在纸质期刊订购费的基

---

① Cleary C E. Why the "Big Deal" Continues to Persist[J]. The Serials Librarian, 2009(4):364—379.

② Stieg K. Traditional Subscriptions, Big Deals or Pay-Per-View?: A Comparative Evaluation of Business Models[OL]. [2014-01-05]. http://www.library.mcgill.ca/ifla-stthomas/papers/stieg_2011.pdf.

础上增加很少费用即可使用整个资源包。这对于面对学术信息交流环境从以印刷型资源为主转向以电子资源为主的时代潮流,急于迅速为读者提供大量电子资源的图书馆来说很具有吸引力。

大宗交易尽管有很多优点,吸引着图书馆采用这种方式订购期刊资源,但大宗交易也存在对于图书馆来说是致命的不足,主要表现在:①合同规定的订购价格每年上涨幅度比较大。尽管大宗交易价格涨幅远低于所谓的期刊目录价格涨幅,但多年累计下来还是让图书馆吃不消。大宗交易费用在图书馆期刊采购费用中的占比不断增加,如 2004 年康奈尔大学订购的 Elsevier 的期刊不到馆藏期刊数量的 2%,费用则超过该馆期刊订购总费用的 20%[①]。正是看到这一点,Frazier 在 2005 年就指出:"大宗交易现有模式可能维持不下去了,因为协议中的每年价格涨幅超过了馆藏建设经费预算的增长。"[②]②图书馆对期刊的选择权小。大宗交易期刊资源包中的期刊是捆绑在一起的,属于"要么全买,要么全不买"的状态,图书馆几乎没有选择余地。③合同期限长。大宗交易把图书馆长期固定在一个交易合同之中,这就使图书馆失去了根据读者需求和经费变化及时对馆藏建设进行主动调整的能力,也就是失去了馆藏建设的主动权。为维持现有的大宗交易合同,图书馆有时还被迫减少虽然重要但不是通过大宗交易订购的小出版商的期刊资源。大宗交易的

---

① Helfer D S. Is the Big Deal Dead? Status of the Crisis in Scholarly Publishing [J]. Searcher,2004(3):27—32.

② Frazier K. What's the Big Deal? [J]. Serials Librarian,2005(1):49—68.

种种固有缺陷,随着2008年世界经济陷入衰退就变得更为突出。在图书馆不能增加经费,甚至被迫削减经费的背景下,大宗交易为图书馆带来的经费压力就显得特别大。经费再次成了图书馆订购期刊资源需要考虑的主要因素。先前作为期刊危机应对策略而出现的大宗交易再次将图书馆引入了不得不减少期刊资源订购数量的困境。由于在经济危机背景下图书馆承受巨大的经费压力,早前已经零星出现的退出大宗交易现象在2009年以后变得十分普遍,参与其中的不乏像斯坦福大学图书馆、加州大学图书馆、南伊利诺大学图书馆、俄勒冈大学图书馆这样的名校图书馆。根据EBSCO在2010—2011年两次对学术图书馆进行的调查,分别有58%、62%的被调查者提出可能中止"电子资源包"或恢复为只订购资源包中最常用的期刊[①]。

图书馆退出大宗交易的好处是显而易见的:①减少了经费开支,缓解了经费紧张的局面。②图书馆重新获得了经费开支控制权,避免了因陷入大宗交易而不能按照需要随时调整经费开支的局面。③图书馆重新掌握了根据本馆实际需要选择资源的权利。当然,退出大宗交易的后果也十分明显:①图书馆失去了对大量期刊的检索权。②图书馆要面对读者的抱怨,需要做大量细致的解释工作和新服务引导工作。③采用新的服务形式需要图书馆增加新的人员和经济成本。④失去了作为图书馆资源采购联盟成员所拥有的共享资源的权利。⑤资源采购联盟成员退出大宗交易,会为其他成员带来增加分摊费用份额等诸多

① Boissy Robert W, et al. Is the "Big Deal" Dying?[J]. Serials Review, 2012(1): 36—45.

不利影响。这些后果对图书馆来说虽然很不愿看到,但在经费紧张的情况下也是必须承担的。

2　国外图书馆应对大宗交易困境的措施

图书馆退出大宗交易主要目的有两个:一是节约经费,实现经费平衡;二是重新夺回馆藏建设的控制权。图书馆应对大宗交易困境的一切措施,除了满足读者需求这一馆藏建设永恒不变的目的外,都是围绕上述两个目的来设计的。图书馆应对大宗交易困境的措施主要有:

2.1　重新谈判大宗交易条件

由于大宗交易对图书馆来说太具有诱惑力,所以当经费再一次成为图书馆订购期刊资源的拦路虎时,图书馆首先尝试的应对策略是与出版商重新进行大宗交易合同的谈判,希望通过谈判争取更优惠的条件,达到节约经费的目的。图书馆与出版商进行谈判的主要诉求体现在:减少合同价格的每年涨幅、增加资源包中可剔除期刊的比例、退出大宗交易后图书馆有权继续使用已订购年份的数据等。如由牛津大学、剑桥大学等著名大学组成的英国研究图书馆联盟(RLUK)在2012年与Elsevier和Wiley-Blackwell两家公司进行大宗交易续约谈判前曾特意发表声明,就价格等提出了自己的见解。由于出版商在大宗交易中的天然强势地位,图书馆进行此类谈判的效果一般不会太大,能够得到的结果也就是将每年的价格涨幅降低1—2个百分点，资源包中图书馆可剔除期刊比例增加一点，以实现大宗交易总体费用有所降低，避免交易破局的结果。当然也有收获比较大的，如2003年加利福尼亚数字图书馆(California Digital Library)代表加州大学的9个校园与Elsevier进行大宗交易合同续约谈判时，由于雇用了专业谈判人员，不仅实现了合同期开始的2004年的费用较2003年下降9%，而且2005—2008年每年涨价幅度分别为2%、3%、4%、5%[①]。

2.2 按品种选购期刊

按品种选购期刊是图书馆订购期刊资源时应有的做法，但由于大宗交易资源包中的期刊是捆绑在一起销售的，图书馆根据自身需要对期刊进行选择的权利就被出版商剥夺了，相应的也就出现了不同图书馆只要订购相同的期刊资源包，期刊资源就大同小异的现象，不同图书馆的个性差异被抹杀。图书馆无法对大宗交易资源包中的期刊根据自身需求有所取舍，是图书馆对大宗交易不满意的地方之一。重新按品种选购期刊是对这种不正常现象的纠正。按品种选购期刊，当然都是选择本馆读者使用率高的那些期刊。不过有的馆是回归到按品种订购纸质期刊，有的则是按品种选购电子期刊，形成具有个性特色的资源包。如2010年俄勒冈大学(University of Oregon)图书馆与Wiley

① Bergstrom T C. Librarians and the Terrible Fix:Economics of the Big Deal[J]. Serials,2010(2):77—82.

的大宗交易合同到期后,就以按品种选购方式订购了 278 种期刊。相较原来的大宗交易合同,新资源包减少了 96 种刊,相应地节约了 166 103 美元[①]。当然,出版商的期刊价格有所谓的目录价格和大宗交易折扣价格之分,且两者相差较大。图书馆按品种选购期刊就只能以目录价格为基础计算价格了,所以按品种选购期刊虽能节省一些经费,但肯定没有想象的多。所以有图书馆界同仁指出,退出大宗交易后采取按品种选购期刊,如果对各种相关因素计算不全的话,可能会出现既省不了多少钱,又失去大量期刊检索资格的现象,极端的情况会出现甚至省不了钱的现象[②]。从实践看,从大宗交易转为按品种选购期刊的做法,由于没有从根本上解决学术期刊价格上涨幅度远超过图书馆经费上涨幅度的问题,所以并不能从根本上解决图书馆无力支付期刊资源订购费用的问题,只是暂时缓解了矛盾。针对俄勒冈大学图书馆的情况,David Fowler 预计该馆花在 Wiley 期刊上的钱到 2015 年或 2016 年就会恢复到 2009 年的水平,到时候将不得不再次进入减少期刊种类的境地[③]。

---

① Nabe J,Fowler D. Leaving the Big Deal:Consequences and Next Steps[OL].[2013－12－01]. http://opensiuc. lib. siu. edu/morris_articles/55.

② Blecic Deborah D,et al. Deal or No Deal?:Evaluating Big Deals and Their Journals[J]. College and Research Libraries,2013(2):178—193.

③ Thornton-Verma H. No Big Deal:Three Libraries Survive Cuts to Serials Access[OL].[2014－01－05]. http://reviews. libraryjournal. com/2012/06/ala/no-big-deal-three-libraries-survive-cuts-to-serials-access-ala-annual-2012/.

2.3 订购小规模的期刊资源包

应对图书馆对大宗交易资源包中的期刊进行个性化选择的需求，也为了照顾部分图书馆的经费支付能力，出版商推出了一些对大宗交易期刊资源包进行按学科、按主题进行细分后形成的小规模期刊资源包供图书馆选择订购。选购按学科、按主题打包的小规模期刊资源包也是许多图书馆退出大宗交易后的一个选择。这种方式与按品种选购期刊的相同之处，在于考虑到了图书馆的不同需求，期刊价格也较大宗交易高。但不同之处是出版商定制的资源包，尽管已经按学科或主题进行了挑选，但其中仍然会有具体图书馆不需要或者使用率低的期刊。按品种挑选则会避免订购本馆不需要的期刊。

2.4 采用按篇付费方式订购期刊论文

这是许多图书馆退出大宗交易后的一个选择。吴雪芝等人的《美国大学图书馆按量付费期刊采购案例分析及思考》[①]和何琳的《美国大学图书馆电子期刊订购按篇付费（PPV）的实践》[②]分别介绍了一些美国图书馆实行按篇付费服务模式的案例。采用按篇付费方式订购期刊论文实际上是读者主导式采购（PDA）

---

① 吴雪芝，孙书霞，钟文娟．美国大学图书馆按量付费期刊采购案例分析及思考[J]．大学图书馆学报，2013(4)：13—17．

② 何琳．美国大学图书馆电子期刊订购按篇付费（PPV）的实践[J]．图书馆杂志，2013(10)：82—85．

在期刊资源订购中的体现。按篇付费模式的操作流程一般是:图书馆事先从出版商手中购买一定数量的期刊论文下载权(即代金券),然后根据读者需要使用代金券从出版商的数据库中下载期刊论文。图书馆及其读者对于下载的论文没有永久的使用权,只可在预先约定的短时间内(如一周)使用。按篇付费模式为有中介和无中介两种[①]:无中介模式是图书馆授权的读者都可以使用图书馆购买的代金券去下载出版商的期刊论文。这种模式下图书馆不能掌控代金券的使用速度。有中介模式是指读者需要下载论文时,由图书馆工作人员按照读者需要使用代金券下载相应的期刊论文,然后发送给读者。这种模式下图书馆能掌控代金券的使用。为适应图书馆以按篇付费模式购买期刊论文的需求,现在许多出版商都推出了相应的销售模式。但由于大出版商的电子期刊销售收入主要来自于与图书馆的大宗交易合同,他们并不希望图书馆都采用按篇付费模式订购期刊论文,所以现在出版商把期刊论文的按篇付费价格定得很高(如每篇 30 美元),且规定了论文的使用期限,有让图书馆知难而退的意思。按篇付费模式在实施过程中也存在读者滥用、不同读者需要同一篇论文时重复购买等问题。所以,虽然很多人把以按篇付费方式购买期刊论文作为大宗交易的一个替代模式,但也同样有很多人对此并不看好。实践中也确实有图书馆在实行了一段时间后出现实行不下去的情况,如俄勒冈大学图书馆 2005 年曾经在与 Elsevier 的大宗交易合同到期后转为以按

① 吴雪芝,孙书霞,钟文娟. 美国大学图书馆按量付费期刊采购案例分析及思考[J]. 大学图书馆学报,2013(4):13—17.

篇付费方式向读者提供服务,后来就因故停止。

2.5 馆际互借

求助于馆际互借满足读者需求也是许多图书馆在退出大宗交易后的一项选择。如南伊利诺大学莫里斯图书馆(Morris Library,Southern Illinois University)和俄勒冈大学图书馆在退出大宗交易合同后,都有部分读者需求转向了馆际互借①。当然,馆际互借是有成本的,图书馆需要投入新的人力,也需要支付版权费用。这些成本是图书馆退出大宗交易,转向馆际互借的必然代价。但从两个馆的实践看,没有大宗交易,并一定不意味着馆际互借的大量增加②。莫里斯图书馆的馆际互借量增加的就比较少。在终止大宗交易后的一年中,因终止大宗交易而失去的Wiley公司的597种期刊只有27%产生过至少一个馆际互借请求,超过一次的期刊只有9%。因合同到期而失去的Elsevier公司的242种期刊只有38%产生过至少一个馆际互借请求,超过一次的期刊只有20%。俄勒冈大学图书馆在终止大宗交易合同后馆际互借增加比较多,如针对Elsevier期刊的馆际互借请求增加了47%。分析后发现,这些增加的馆际互借请求中有一部分是该馆新开通WorldCat造成的。退出大宗交易后馆际互借请求的温和增加,说明读者的有些需求可以通过其他途径满足。

①② Nabe J,Fowler D. Leaving the Big Deal:Consequences and Next Steps[OL].[2013-12-01]. http://opensiuc.lib.siu.edu/morris_articles/55.

2.6 转向使用开放存取(OA)资源满足读者需求

图书馆退出大宗交易后,读者转向 OA 资源满足需求,或者图书馆收集整理 OA 资源提供给读者以弥补减少期刊订购影响的现象都是存在的。也有一些人把使用 OA 资源看成是解决图书馆目前期刊资源订购困境的出路。尽管开放存取运动已经取得了很大的成绩,OA 资源特别是 OA 期刊也在一定比例上可以替代订购的期刊资源,但许多人对退出大宗交易后,OA 资源能否承担起替代订购的期刊资源的重任持怀疑态度,主要是 OA 期刊的费用很高(只是费用从由订购者支付转向了由作者支付),作者愿不愿意长期承担是个疑问,OA 期刊的稳定性等。把转向使用 OA 资源作为退出大宗交易后图书馆满足读者需求的措施之一,现在有两个问题需要解决:一是大宗交易的期刊论文有多少已经通过开放存取期刊、机构知识库或学科知识库形式实现开放存取了,时效性如何;二是图书馆在引导读者使用 OA 资源方面所做的工作能否将读者需求引导到 OA 资源上。因此,OA 资源当前能在多大程度上填补大宗交易退出后留下的空白,现在还很难有准确的说法。

2.7 支持或亲身实践开放存取活动

图书馆支持开放存取活动并不是针对退出某一个大宗交易而采取的具体应对措施,更多的是从长远,从更大范围考虑的应对措施。图书馆支持或亲身实践开放存取活动主要表现在三个方面:①建立机构知识库。机构知识库只能解决本机构人员的学术成果的保存和提供问题。②出版 OA 期刊。如公共科学图书馆(PLoS)出版了 7 种生命科学与医学领域的期刊,这些期刊目前都已被 SCI 收录,其中 *PLoS Medicine* 2010 年的影响因子为 15.6。图书馆出版学术期刊,特别是高质量的学术期刊,对出版商垄断期刊资源是一个冲击。③支持开放存取期刊出版,将期刊订购经费转为期刊出版经费。如由多个重要图书馆参与的高能物理开放出版计划(SCOAP3),由于是由众多国家分摊期刊出版经费,对具体图书馆节约经费具有一定的帮助。

2.8 争取服务对象的理解

争取服务对象对图书馆面临的大宗交易困局的理解,也是图书馆妥善应对大宗交易困局必须采取的应对措施之一。由于图书馆退出大宗交易后,大量本来可以供读者检索、利用的期刊将停止服务,如果没有读者的理解很难保证不会引起轩然大波。图书馆在这方面的做法主要有:①让读者了解图书馆在订购期刊资源方面的困境。2010 年前后发生的抵制 Elsevier 事件其实是由科研人员发起的,因为他们看到了出版商无节制地提高期刊价格为图书馆带来的困境。②算经济账。就是让读者了解在图书馆经费紧张的背景下,大宗交易并不是最划算的资源采购方式。③让读者参与期刊资源的订购事宜。一些院校图书馆把期刊经费分配到院系,把图书馆承担的削减经费指标也分配到院系,由院系教学科研人员决定期刊的取舍。当然,这些措施产生效用的前提是图书馆在退出大宗交易后不是不再为读者提供这一部分资源了,而是仍然会一如既往地设法满足读者的资源需求,只是资源提供方式和服务的方便程度有所变化而已。

应该指出的是,图书馆对上述应对措施并不是单独使用的,往往是组合起来使用,如那些采用按篇付费的图书馆,并不是读者所有的论文需要都是通过按篇付费方式来满足,而是先订购一些读者常用的期刊来满足读者的大多数论文需求,其余的论文需求则以按篇付费方式来满足。

3　结语

国外图书馆电子期刊资源采购的大宗交易模式既是相对费用—效益比比较高的满足读者对电子期刊资源需求的资源采购模式,也是让图书馆背上沉重经济负担的资源采购模式。由于图书馆应对大宗交易困局的种种措施并没有改变当前的学术交流体系,科研人员在期刊上发表文章→出版商出版期刊→图书馆购买期刊提供给科研人员→科研人员在期刊上发表新的文章的学术交流循环仍然存在,图书馆的种种举措都只能是治标不治本的措施,暂时在图书馆经费与满足读者需求之间取得一定的平衡。什么时间上述学术交流循环被打破了,图书馆采购期刊资源的窘境才可能会永久解除。

尽管如此,当前国外图书馆应对大宗交易困境的措施还是在经费困难的情况下,最大限度地保证了读者需求的满足。我国图书馆外文电子期刊资源的集团采购也是大宗交易模式的一种,只是由于中国的发展中国家国情使得合同细节上与国外图书馆有这样或那样的差异，但也都是一些细节上的差异，没有根本性的不同。国外图书馆在电子期刊资源采购上经历的事情也是我们即将经历的事情。2009 年前后国内外图书馆经历的同时抵制 Elsevier 的事件就很好地说明这一点。我们应该未雨绸缪，注意吸取国外图书馆的有益经验和做法，争取在图书馆经费支付能力和读者需求之间找出实现平衡的合理方法。

（原载《图书馆杂志》2014 年第 8 期）

试析数据库商与图书馆的关系

刘兹恒　董舞艺　孟晨霞
（北京大学信息管理系）

随着数字技术的发展以及网络的普及，数据库成为图书馆资源建设的重点。数据库商与图书馆的关系也日益受到关注：程焕文教授曾在博客上发表《十问数据商!!!》[①]的博文，对数据库商提出了十大诘问反映出了数据库商与图书馆之间的矛盾冲突。作为信息传播者的图书馆与数据商之间究竟应该是什么关系？二者除了有不同的利益诉求外，是否还有利益的契合点？如何协调好数据库商与图书馆的关系以更好地满足用户的信息需求？这些问题非常值得探讨。

---

① 新浪博客，程焕文如是说. 十问数据商!!!. [EB/OL]. [2014 - 12 - 10]. http://blog. sina. com. cn/s/blog_4978019f0102e5zu. html.

1 数据库商与图书馆的不同利益诉求

1.1 数据库商的立场：追求盈利，攥紧版权

数据库商的立场是由其本身的商业性质所决定的。数据库商作为企业，承担着信息中介和信息内容集成双重角色，其商业本质是追求利润。一方面，数据库商要投入大量人、财、物力进行数据库的内容建设，以满足用户的信息需求；另一方面，数据库商也要投入大量人、财、物力开发完善各种数据库平台，为用户提供方便快捷的信息查询与利用服务。数据库运行成本的上涨和追求利润的商业本质自然就成了数据库商提高价格、垄断资源的双重动机。从法律层面上讲，数据库商作为数据库包含的整体内容（即汇编或编辑作品）和数据库软件的投资制作方，在保证数据库收录内容真实合法的前提下并取得了数据库内容的使用许可，而且为其支付报酬的基础上，就拥有了该数据库的著作权、商标权等多种权利。图 1 即为信息资源从内容提供商到数据库集成商再到用户的流程。数据库商希望尽可能自己控制出版物的数字内容，将其安全有序地保存在数据库中并为其设置电子商务的功能，以保证数字内容可以转化为资本或被合理使用。为此，数据库商要通过尽可能多的渠道让数字内容走向市场，同时在这个过程中进一步攥紧出版物的数字版权。

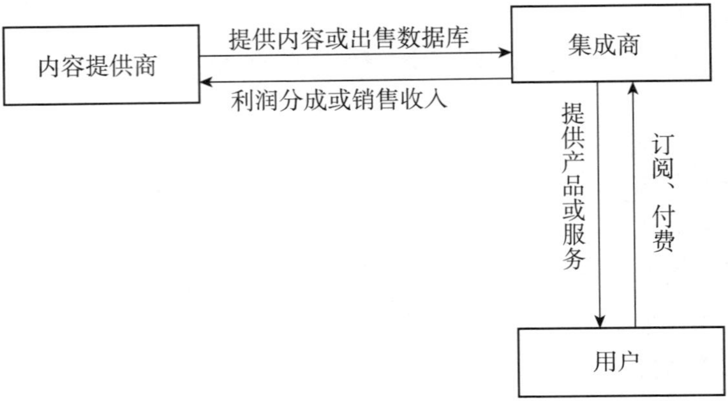

图 1 数据库生产和服务流程

1.2 图书馆的立场:平衡利益,促进信息公共获取

图书馆的公益性决定了图书馆在公民对知识和信息的公共获取方面发挥着重要的作用。图书馆主张数据库版权保护应平衡作者、出版者、数据库商、图书馆及用户的各方利益,这样不仅能鼓励作品的创造,保护版权人的利益,同时也可以使公民能够充分、自由地获取信息,从而促进社会的全面进步。正因为如此,国际图联参与了国际上有关数字资源版权问题的讨论。2005 年 8 月在挪威首都奥斯陆召开的第 71 届国际图联大会上,国际图联版权和法律事务委员会(Committee on Copyright and Other Legal Matters,简称 CLM)核心项目的专家发表了《国

际图联关于数字环境下版权问题的立场声明》[1],提出要平衡作者的知识产权和社会公众获得知识的权利,知识产权法律与实践要促进教育普及、科学发展和社会进步。国际图联坚持认为"版权的平衡是为了每一个人"。如果对版权过度保护,不合理地限制公众接触信息和知识,竞争将被限制,创新将会窒息,甚至可能威胁到民主的传统以及影响到社会公正的原则。

2 数据库商和图书馆的利益冲突点

2.1 数据库商对使用权的限制

数据库商通常会对数据库采用多种版权保护技术,对用户利用数据库资源进行限制,主要包括:①访问控制。通过密码认证、IP 认证或数字证书认证等,使用户未经许可不能使用数据库。②数字水印。标明版权信息,防止数据库内容被不当使用。③数字加密。防止数据库内容被任意复制。④防火墙。对进出数据库系统的信息进行检查。⑤信息确认技术。例如数字签名,限定信息共享范围,防止伪造和非法篡改。同时,数据库商都会与图书馆签订数据库购买协议,要求购买数据库的图书馆签署版权承诺书。协议约定双方的权利、义务和责任,包含该数据库商版权责任的保证条款、数据库下载数量和频次的限定、访

---

① IFLA. The IFLA Positionon Copyright in the Digital Environment[EB/OL]. [2014-02-28]. http://www.ifla.org/lll/clm/p1/pos-dig.htm.

问途径与传播途径等。显然,这些由数据库商所设的技术和合同限制,有可能影响到图书馆及其用户对数据库的使用,而且在许多情况下,图书馆一旦不继续订购某个数据库,则对该数据库以往的数据也没有了使用权。

2.2　数据库商独家授权致垄断

一些国外数据库商倚仗集团化的出版机构以及大规模高质量的信息资源对发展中国家采取一种低价进入逐年加价的掠夺性的营销策略,并通过独家授权策略将"独家资源"和"捆绑销售"相结合,使得数据库产品独特且不可取代,具有明显的排他性和限制竞争的作用,非常容易产生垄断性问题,把处于弱势地位的图书馆推向了十分被动的局面。而对于高校及科研机构的图书馆来说,这种单一来源的数据库资源往往又是其提供知识服务不可或缺的。加上信息资源的价值表现之一是其系统性和连续性,而处于不断更新的数据库更是要求图书馆必须连续订购才能达到这样的目标。正是图书馆这种难以舍弃的订购心理让数据库商理直气壮地逐年提高数据库的价格,图书馆同数据库商之间的价格谈判举步维艰。例如,北京大学图书馆 2008 年购买 Elsevier 数据库的费用为 54 万多美元,2009 年增加到 57 万美元,2010 年的费用为 61 万美元。到 2013 年,Elsevier 全文数据库对北京大学图书馆收费的涨幅每年均超过 9%。在我国,Elsevier 的服务用户中有 197 家高校,Elsevier 提出的平均年度涨幅竟达 18%,这使得处于弱势地位的发展中国家在蒙受巨大经济损失的同时,也损害了用户获取科技信息的权益[①]。

2.3 知识产权制度的偏离和异化

数据库作为知识存储和传播的重要载体,国际上对其产权实施专门保护的观点已经得到了普遍认可,专门针对数据库保护的法律已有不少。代表性的法案有欧洲议会和欧盟理事会于1996年3月颁布的《关于数据库法律保护的指令(96/9/EC)》(以下简称"欧盟数据库保护指令"),其第1条第2款规定:"本指令中'数据库'是指经过系统或有序的编排并可以通过电子或其他手段单独加以获取的作品、数据或其他独立材料的集合。"[②]欧盟数据库保护指令提出:"'数据库'的定义,包括文学、艺术、音乐或其他形式下的作品的集合,或是其他材料,诸如文字、声音、图片、数字、事实和数据的集合。"[③]这以后,不同法系国家相继颁布了不同的法律对数据库进行知识产权保护。但是知识产权制度对数据库产品本身的过度保护,却在一定程度上限定了数据库在更大程度和范围内的应用,忽视了公众对信息资源自由获取和利用的权利,阻碍了知识的有效传播和交流。

---

① 李大庆.国内33家图书馆联合与国外出版商"斗法"——呼吁中国学者支持抵制国外出版商的大幅涨价[N].科技日报,2010-09-04(3).

② Directive 2005/36/EC of the Europeanpa Rliament and of the Council[EB/OL].[2013-12-17]. http://eur-lex.europa.eu/LexUriServ/LexUriServ.do? uri=CONSLEG:2005L0036:20110324:EN:PDF.

③ WIPO Copyright Treaty Compilations of Data(Databases)[EB/OL].[2013-12-17]. http://www.wipo.int/treaties/en/text.jsp? file_id=295166#P59_6206.

3　数据库商和图书馆的利益契合点

3.1　以用户需求为导向

数据库商和图书馆都承担着向公众或用户提供信息、知识的责任。为了完成这个任务,两者都必须以用户需求为导向,生产或提供用户所需要的数据库产品。换句话说,对于数据库商而言,以用户需求为导向是其进行数据库产品生产和销售的基本策略。数据库商的商业模式可以总结为两种:一是自己将信息资源内容进行数字化后直接销售,二是通过与第三方合作进行数字资源的开发和销售。但无论以何种方式,数据库商的商业模式必须建立在购买者和使用者的需求之上。剑桥大学出版社学术与专业图书销售市场经理皮特·什米尔特表示:"我们必须对消费者的需求有所反应,使他们通过自己喜欢的方式获得所需内容。随着数字出版的市场变得愈加复杂,保持对最前沿趋势的关注和实践变得非常重要。"①

图书馆也必须始终将用户的需求放在第一位。在实际操作中,图书馆根据用户的需求订购不同类型的数据库,因此,对于不同数据库的订购模式和付费模式也会有所不同。而多样化的数据库订购模式确实让数据库商疲于应付,导致了数据库商同

① 出版商要攥紧图书数字版权——英国出版商协会主席理查德·查金访谈[EB/OL].[2014-12-16].http://www.bookb2b.com/view/detail.php?id=364.

图书馆之间的矛盾及冲突。如果数据库商能够通过与图书馆的合作,建立一个共同的平台,整合不同数据库商的内容,图书馆通过这样一个整合平台链接到不同数据库商的产品和付费模式,数据库商也可以节省传递数字内容的成本。

3.2 版权保护需求

无论是数据库商还是图书馆,知识产权保护的相关规定在客观上都要求他们对数据库版权进行有效保护。

对于数据库商而言,版权保护的重要性不言而喻。作为以营利为目的的数据库商,图书馆是其重要的消费者,满足消费者的需求是其营利的关键。而图书馆在选购数据库时,一般将数据库内容作为重要的衡量指标。因此数据库商应该充分保证其数据库内容的质量及其独特性,以此吸引图书馆的持续性购买,从而带来长期利润。当然,作为信息内容提供者的数据库商,也面临着诸多难题和挑战。开放的数字环境下,数字内容获取的便捷性以及在线交易的无形性使得数据库内容很容易被非法复制和传播。而数据库商为了维护其利益,往往会采取更为严苛的版权保护手段,这又必将影响图书馆的用户体验和进一步的采购选择,反过来在一定程度上也会对数据库商造成不良影响。因此,如何在保证良好的用户体验的前提下保护好数据库版权,是数据库商需要优先考虑的对策。

对于图书馆而言,对数据库进行版权保护也符合图书馆的利益诉求。事实上,个别用户在数据库使用中的一些不当行为造成版权纠纷,进而导致图书馆整体使用数据库受限的案例屡见不鲜,严重影响了图书馆的服务。因此对数据库的版权保护也是保障图书馆正常服务的一种举措。图书馆通过技术手段、制度建设、用户教育等方式加强对数据库的版权保护,减少版权纠纷,可使图书馆在签订数据库购买协议时具有更强的谈判能力和协商资本,也有可能促使数据库商放宽使用限定,使图书馆用户更方便地使用数据库。在版权保护上,双方应实现一种良性合作,共同维护数据库的版权。

3.3 数字信息长期保存

数字信息的保存不同于纸本信息的保存,显著区别是数字信息保存活动的责任方不仅限于保存者,还包括数字信息生产者。数字信息生产者涵盖范围非常广,包括数据库商、学科库、机构库、个人博客等。很多数据库商制定关于数字保存责任的相关声明或者条款,如 AGU(American Geophysical Union,美国空间物理学会)发表声明——《保存空间物理数字信息及其可获得性的意义》(*The Importance of Archiving and Availability of Geophysical Data*),其中明确指出:“自然现象不会重复,因此我们应该对地理和空间数据进行保存、处理和归纳以便后代使用。”AIP(American Institute of Physics,美国物理学会)很早就开始关注数字保存问题,1998 年就发布了电子资源保存和使用政策,并于 2003 年和 2010 年分别对该政策进行了修正。AIP 承诺将对其所有电子形式的学术性质的出版物(包括 AIP 的各种期刊、会议论文集和其他的出版物)进行长期保存,并对长期保存这些出版物的方式和方法进行了大量研究。AIP 现在已经建立了数据库来保存其学术出版物,并制定了比较具体的更新迁移措施和备份策略。这表明国外的数据库商已经充分认识到了数字信息保存的重要性,其中一些数据库商已经采取了具体的保存行动。

图书馆也十分关注数字信息的长期保存。对于纸质出版物,图书馆在购买的同时就获得了对其长期保存的权利;而对于数字信息而言,目前数据库商多以许可使用的方式提供数据库的使用权,由于图书馆没有数字信息的长期保存权,因此对数字信息的长期可存取更为关注。

目前数据库商自己进行数据保存的情况很少,主要原因是:第一,数据库商能力有限。数据保存是一项需要长期投入的活动,尤其是在保存初期,投入成本高。第二,使用者的信任度低。数据库商面临商业竞争存在倒闭的可能性,作为保存机构不具有可持续性,使用者对数据库商自己保存数字信息这一模式的信任度不高。

除了数据库商自己进行保存外,还有授权许可使用者保存数字信息的模式以及委托第三方保存的模式。但由于数据库商对自身商业利益的保护以及使用者保存能力和意愿方面的原因,许可使用者保存的方式应用较少,而数据库商委托第三方进行保存是主要模式。即数据库商将数据提供给第三方,第三方对数据进行更新迁移等以确保数据的永久读取,以解决数据库商没有能力自己保存数据的问题。只有在遇到特定突发事件的情况下,如数据库商破产或者自然灾害导致图书馆不能存取已购买使用权的数据库,第三方才能向数据库商和图书馆开放相应数据。这种模式既可以保障数据库商的商业利益,同时也消除了使用者对数据不能持久存取的担心。

因此,图书馆既可以发挥其长期以来作为信息保存机构的优势,在与数据库商签订合理使用协议的基础上,成为数字信息的长期保存机构,也可以激励数据库商加入第三方保存项目,毕竟图书馆对于数字信息长期保存的关注和诉求对数据库商也是一种有效的激励。

4　结语

综上所述,图书馆与数据库商之间的关系:不是单纯的竞争和对抗关系,而是战略合作伙伴关系。但在现实中我们看到的则是:一方面,数据库商努力攥紧手中的出版物数字版权,捆绑销售、漫天要价;另一方面,图书馆为公众自由获取信息大声呼吁,对数据库商的不合理要求进行抵制。图书馆与数据库商之间似乎是一种零和博弈关系,事实上数据库并非一次性商品,而是按年购买并只有使用权的特殊商品。数据库商一方面要投入成本将逐年递增的海量信息资源加以整合,另一方面又要寻求购买者将成本转化成利润,实现其商业价值。图书馆作为信息的传播者,也是数据库的购买者。没有图书馆的支持,数据库商将无法生存;而没有数据库商数据库产品的支持,图书馆信息资源建设就无从谈起,图书馆服务也无法持续。因此,对数据库商的要求一味迁就,会导致图书馆因经费不足而无法购买相关数据库产品,进而制约相关学术研究;反过来,如果对数据库商的要求一味抵制,则有可能使数据库商无利可图,降低数据库资源生产销售的积极性,从而导致图书馆的学术“断粮”,最终影响学术机构的科研产出。由此看来,图书馆与数据库商之间应该是一种非零和博弈的关系。在尽可能保障双方利益的前提下解决二者在使用权限制、独家授权、知识产权方面的冲突,并在满足用户需求、版权保护、数字信息长期保存方面达成合作,是实现合作共赢的有效途径。

(原载《图书馆杂志》2015 年第 3 期)

对数据商霸权行为的抵制研究*

——兼作答“程焕文之问”

孙瑞英　徐　盛
(黑龙江大学信息管理学院)

引言

2014 年 1 月 3 日程焕文发表博文《十问数据商!!!》,2015 年年初李明理将之提炼为“程焕文之问”,引起学界业界关注①。“程焕文之问”共十个问题,笔者遵循把性质相同或类似的问题集中的原则,将十个问题分为三类:①数据商凭什么随意定价和涨价?“程焕文之问”中的第一问、第四问、第六问是质问数据商违背《物价法》,随意对数字资源定价和涨价的问题;②数据

---

* 本文系国家社会科学基金项目“泛信息环境下信息异化及和谐信息生态环境构建研究”(项目编号:12BTQ057)和黑龙江省博士后科研启动金资助项目“信息生态系统失衡与和谐发展的演替研究”(项目编号:LBH-Q12025)研究成果之一。

① 李明理.“程焕文之问”的数据库垄断观解读[J].图书馆论坛,2015(3):1—8.

商凭什么强加给图书馆霸王条款?“程焕文之问”中的第二问、第三问、第七问、第八问、第九问是质问数据商凭借数字资源市场的垄断地位,违反《反垄断法》,限制图书馆在采购数字资源时的选择权,进而强加给图书馆霸王条款的问题;③数据商凭什么侵犯和剥夺图书馆用户的权利?“程焕文之问”中的第五问、第十问是质问数据商违背知识产权保护初衷,侵犯和剥夺数字资源合法使用者应享有的权利问题。因为现行著作权法立法的指导思想是突出数据库拥有者的权益保护,数据库购买者和使用者很难依据法律保护自身权益,所以“程焕文之问”提出的问题困扰数据库主要购买者——图书馆,妨碍用户对数字资源的使用。

数据商之所以能够随意定价和涨价,强加给图书馆霸王条款,侵犯用户权利,是由于数据商拥有霸权地位。所谓霸权,是指拥有控制、支配或统治其他国家、组织或者个人的权力[①]。霸权来源于两方面:一是利诱或胁迫他人行为的硬权力,二是使他人不得不认同的软权力[②]。数据商垄断数据库资源,就拥有了胁迫购买方的硬权力和软权力。正如著名未来学家阿尔文·托夫勒(Alvin Toffler)预言:谁掌握了信息资源,控制了互联网络,谁就将控制整个世界[③]。所以数据商垄断数据库资源,凭借强

---

① 张泽尧.霸权怎能合法化——关于《大国与法外国家:国际法律秩序中不平等的主权》的述评[J].法律与社会,2015(1):76—78.

② Robert A Dahl. The Concept of Power[J]. Behavioral Science,1957,2(3):201—215.

③ 蔡权.基于环境参量的参数化绿色建筑设计研究[D].南京:南京工业大学,2012.

大的实力追求利益最大化,操控数据库的定价和涨价,围绕数据商自己的利益制定合同,强迫图书馆和图书馆用户执行数据商指定的合同。可见数据商已经掌握定价和涨价的话语权与合同签订的控制权,单方面缩减合法使用者应享有的权利,数据商的霸权行为已现端倪。笔者认为,要回答“程焕文之问”,就必须探讨数据商霸权行为的表现与成因,在此基础上思考解决之道。

1　数据商霸权行为的表现及成因

数据商垄断数据库资源,依靠其霸权地位,忽视公共利益,漫天要价和肆无忌惮的涨价行为和不正当竞争影响了知识传播,阻碍科学、学术的进步。图书馆与数据商之间关系的发展演变时刻伴随着双方的博弈。数据商为维护主导地位,凭借经济实力和对信息资源垄断的优势,谋取霸权地位。

1.1　利用版权保护,谋求霸权地位

版权保护的初衷是为弥补作者的独创性劳动而授予版权人的专有权,允许其对作品进行复制、传播、演绎等,版权保护既要鼓励作者创作更多的作品,又肩负着促进思想、文化、科技信息在公众中传播的作用。对数据库这类汇编作品,版权只保护对事实的表达,而不是事实本身,即版权保护的是数据库的选择和编排形式而不是数据库中的数据,因此版权保护并不会妨碍公

众对数据库信息的利用[①]。所以版权法的立法宗旨既肩负着保护版权人的专有权的目的，又要履行促进知识、文化传播的义务，版权保护应该是在作者的利益和社会公众利益之间，即对作品无偿使用的禁止和知识的自由传递之间达成的一种妥协。基于以上目的，各国版权法几乎都设定了对版权的限制和例外条款。但1996年欧盟颁布数据库指令创设了一个数据库特殊权利，这种数据库特殊权利把数据库制作者的权利延伸到了数据、材料本身[②]。欧盟颁布的数据库指令导致数据商对数据库信息内容的垄断，使得公众无法从非购买途径获取所需的数据库内容，因此，看似充分合理的数据库版权保护指令实际上变成过度保护，数据商凭借数据库版权保护指令产生垄断市场的支配权。版权保护为数据商营造信息霸权、阻碍公众对数据库内容的合理使用提供了法律依据，加大了公众的信息获取难度，可见欧盟颁布数据库指令存在着违背版权法所追求的立法目的的危险，加大版权保护和信息获取之间存在的固有冲突[③]。

1.2 滥用技术措施，谋求霸权地位

在数字化信息技术环境下，数据商会利用技术措施营造霸权地位。世界知识产权组织（World Intellectual Property Organi-

① 李明德，许超．著作权法[M]．北京：法律出版社，2003：27.

② 张伟君．版权保护对信息获取的制约及其反垄断法规制[J]．信息网络安全，2009(2)：56—59.

③ 张伟君．版权扩张对信息获取的影响及其反垄断法规制[J]．科技与法律，2006(1)：2—5.

zation)于1996年12月颁布的《世界知识产权组织版权条约》(简称WCT)和《世界知识产权组织表演和录音制品条约》(简称WPPT)规定了对技术措施提供适当的法律保护和有效的法律救济。2001年我国《著作权法》第47条规定:“故意避开或者破坏技术措施、故意删除或者改变权利管理电子信息为非法行为。”这些法律条款为数据商采用加密、电子签名、电子水印等技术措施防止他人非法访问、复制、传播数据库内容提供了技术屏障,也为数据商窥视图书馆合法用户的使用提供了便利,特别是数据商采用的这些技术措施会妨碍图书馆合法用户对数据库的合理使用。图书馆合法用户在学习、研究时,无法通过规避技术措施而获取受版权保护的作品,这使公众根据合理使用来获取作品和信息的途径受到限制[①]。在数字信息时代,数据商采取技术措施对数据库进行技术加密,用户如果规避这些技术措施,数据库的内容就以乱码形式显示,妨碍用户的“合理使用”,而且由于数据商采取技术加密,图书馆对已过版权保护期的作品也无法复制。数据商是“经济人”,逐利是本性[②],数据商会采用“拆封协议”和“点击协议”等电子格式合同,既实现技术措施与数据库产品的结合,又能阻止他人对作品的接触与利用,然后再通过市场力量推动其应用,从而获得极大的经济利益和主导市场的话语权,营造霸权地位。

---

① Gross R. Buy the Numbers:Publishers Seek Special[J]. 图书情报工作,2010,54(23):39—42.

② 周斌. 版权在图书馆的滥用与法律规制[J]. 情报理论与实践,2013,36(2):31—34.

1.3 垄断资源,谋求霸权地位

数据库产业作为版权法保护的新兴产业,作为权利人的数据商采用多种方式垄断数字信息资源,然后依据数字资源的“唯一可获得性”谋求与图书馆交易的霸权地位。首先,一些大型综合数据库公司通过并购获得多种期刊的版权。其次,数据商通过“独家授权策略”瓜分数字出版的“原材料”市场,这样做一方面使数据商获得独特的信息资源,形成各自数据库产品的特色优势;另一方面既削弱数据商之间的竞争,也使自己的数字资源对用户来说是“唯一可获得”的,营造自身的垄断性①。再次,数据商之间通过“协同行为”形成对各自独特的信息资源的垄断性。表面看,数据库商之间并没有直接签订协议,但数据商之间会心照不宣采取协同一致的行为,形成对各自独特的信息资源的垄断性,这其实就是共谋行为②。由于商业性学术数据库本身就是商品,数据商在垄断数字资源后,会掌握数据商品交换的垄断权和操控权,数据库用户就会失去数据库购买方面的选择权和价格谈判方面的话语权。数据商就能为所欲为地设置不公平价格和设置强制回授条款,采用搭售行为。

---

① 李明理. 学术信息资源数据商“独家授权策略”的垄断性分析[J]. 图书情报工作,2014(1):71—74.

② Burrell S R, Coleman A. Copyright Exceptions: the Digital Impact[M]. [S. l.]: Cambridge University Press, 2005:67.

1.4　签订单边合同,确立霸权地位

图书馆依据版权法条款,虽然享有对数据库资源的合理使用权,但图书馆对数据库资源的使用是通过与数据商签订版权合同的方式实现的,而双方签订的版权合同事实上却在剥夺图书馆的合理使用权[①]。图书馆界虽然不反对与数据商签订版权合同,但图书馆与数据商签订版权合同的地位是不平等的,双方签订的拆封合同和点击合同的条款几乎成为数据商的“单边立法”,无法保障图书馆的权益,更不用说维护用户的公共利益,更不幸的是,数据商强调的异常条款与霸王条款还不会受到法律制裁。例如,对数据商以合同方式排除图书馆合理使用的行为在我国《著作权法》和《信息网络传播权保护条例》中均找不到相应的规范予以制裁。同样,在我国《合同法》中,对数据商利用合同尤其是格式合同排除图书馆合理使用权的问题也没有相应的条款可以进行约束,因此数据商就可以通过合同约定来堂而皇之地规避图书馆的合理使用权[②]。

1.5　滥用诉讼权,营造霸权地位

数据商习惯于滥发警告函和滥用诉讼权,指控图书馆侵犯

---

① 黄国彬. 著作权例外与图书馆可适用的著作权例外[M]. 北京:知识产权出版社,2011:213.

② 朱理. 著作权的边界——信息社会著作权的限制和例外研[M]. 北京:北京大学出版社,2011.

其版权。据不完全统计,21 世纪以来,我国图书馆界涉诉版权案件近百起,包括数据商滥用诉讼权的案例。依据美国《跨世纪千年版权法》和我国《信息网络传播权保护条例》等设置的通知条款,数据商通常会滥用版权警告(copyright warning),向图书馆发出版权警告。例如,我国某图书馆以 60 万元/每年的价格与国外某网络全文数据库签订使用权合同,但在一年有效期内,数据商就向该馆发出数次版权警告,并以违约使用为由停止该馆合法读者对数据库的链接;在一年有效期内,数据库被停用的时间远高于可使用的时间,更令图书馆莫名其妙的是,数据商屡次向图书馆发出版权警告时都不明确说明为什么发出版权警告①,即数据库供应商不能举证图书馆是如何侵犯数据商的版权的,所以数据商向图书馆发出的版权警告是滥用。诉讼滥用背离诉讼机制设立的宗旨和目的,反而为数据商营造霸权地位打下基础,数据商滥用诉讼权使得图书馆不得不浪费大量的人力、财力和时间来应诉,加剧了图书馆在版权交易中的不利程度,侵害了图书馆的合法权益。

2　抵制数据商霸权行为的策略

《孙子兵法·军形篇》云:“昔之善战者,先为不可胜,以待敌之可胜。不可胜在己,可胜在敌。”在图书馆与数据商的博弈

---

① 饶艳. 图书馆集团采购中的知识产权问题及对策[J]. 图书情报知识,2004(6):91—92.

中,二者虽不是完全对立关系,但由于数据商占尽优势,拥有霸权地位,迫使图书馆界不得不探讨图书馆公权利的保护与数据商私权利限制的问题,即“程焕文之问”提出的问题。图书馆界可借鉴《孙子兵法 · 军形篇》的思想,先全方位武装自己,增强自身优势,使得数据商不能看轻自己,然后等待时机,争取各方支持,扭转与数据商的力量对比,改变竞争地位,进而抵制数据商的霸权行为。

2.1 武装自身,增强优势

第一,加强版权管理,不给数据商任何借口。图书馆版权管理存在很多不足,我国大部分图书馆都不是主动进行版权管理[①]。例如,很多馆没有设置版权管理岗位,即便有,管理也不规范。因此,当因个别用户的不当行为而引发数据商停止服务时,图书馆只能被动地接受;当数据商擅自涨价时,图书馆界的应对也显得苍白无力。我国图书馆界必须审视自身的版权管理能力,研究相关法律,建设版权管理制度,一方面使版权管理规范化、制度化,另一方面指导用户的行为,扩大公共利益空间。首先,图书馆有必要设立独立的版权管理部门,负责版权管理工作,如回答用户版权咨询、解决图书馆版权纠纷,联合其他馆联合维权等[②]。其次,图书馆的版权管理部门要承担起对图书馆

① 陈传夫,吴钢,孙凯,等.图书馆知识产权管理方案优化研究[J].国家图书馆学刊,2009(2):23—27.

② 刘婧.图书馆知识产权管理的影响因素[J].国家图书馆学刊,2009(2):44—46.

业务工作进行自检的职责,避免侵犯版权。例如,依据网络环境下版权法的规定和最新进展,检查通过馆际互借途径传递图书与期刊论文的有效性,以及检查数据库资源远程访问的合法性,避免发生用户侵权行为①。

第二,开展用户教育,减少侵权行为发生。由于用户违规使用数据库是引发图书馆版权纠纷的主因,图书馆有必要向用户普及版权知识和尽到提醒义务。首先,加强对《版权法》和数据库特殊权利的宣传,确保用户在利用数据库时了解法律条款;其次,在数据库主页中发布版权公告和使用注意事项,使用户了解哪些行为是版权保护所禁止的,以提醒用户使用数据库时尊重版权,对用户的不当行为要及时进行警示;再次,图书馆在与数据商鉴定数据库使用合同时要拒绝接受"承诺用户行为不违反条约规定"的条款,因为图书馆不负有保证和控制用户的行为的职责,比如图书馆对非授权用户访问数据库的侵权行为不负有法律责任②。

第三,采取技术手段规避侵权风险。图书馆采用技术手段规避数字版权风险是避免版权纠纷的有效途径。首先,应采取技术措施防止用户非法复制和非法传播数字资源;其次,应利用技术措施防止用户对数据库未经授权的修改或篡改③;再次,采

---

① Allner Irmin. Copyright and the Delivery of Library Services to Distance Learners [J]. Internet Reference Services Quarterly,2005,9(3—4):179—192.

② Lawrence Peg. Access When and Where They Want it: Using EZproxy to Serve Our Remote Users[J]. Computers in Libraries,2009,29(1):41—43.

③ 冉从敬. 规避数字图书馆知识产权风险的策略分析[J]. 国家图书馆学刊,2009(2):33—38.

取技术防范措施来监测和判断用户访问流量和频率是否合理,确保在用户“违规”操作时,系统能自动向用户推送“提醒页面”,警示用户不要过量下载数字资源;最后,应采取技术措施随时向用户推送“版权声明”,做到明了醒目。这样即使发生用户侵权行为,图书馆履行了注意义务,免除可能的间接侵权责任,在版产权诉讼中起到抗辩作用[①]。

2.2　等待时机,争取支持

第一,取得主管机构的支持。学术资源数据库的购买者主要是高校图书馆、公共图书馆和科研院所图书馆。高校图书馆归属于教育部管理,公共图书馆归属于文化部管理,科研院所图书馆归属于科技部管理。学术资源数据库的购买者的资金主要来自财政拨款,因此,图书馆在与数据商的博弈中,不能缺少国家职能部门的支持。国家应从宏观层面干预学术资源数据库的交易活动,全方位地给予图书馆支持,提升图书馆在与数据商合同签订时的话语权和选择权,变被动为主动。

第二,得到用户的理解。用户对数据库的过量下载是图书馆版权纠纷的主要起因之一。但对绝大多数读者来说,并不清楚过量下载的含义和法律责任[②]。有学者调研国家图书馆、31个省级公共图书馆以及部分市级公共图书馆网站,只有5家登

① 苑世芬.数据库过量下载行为的法律视阈分析[J].国家图书馆学刊,2012(3):74—77.

② 李中.高校图书馆数据库过量下载的现状与对策[J].图书馆建设,2010(6):88.

有过量下载的涵义和应承担的法律责任等信息，而且这些信息格式不规范，内容随意、模糊[①]。用户主观上并非不遵守版权法，而是由于对版权保护和需承担的法律责任的知识的缺失，才造成用户对数据库的过量下载，因此用户对数据库的过量下载应归因于图书馆的重视和宣传不够，用户不理解过量下载的危害造成的[②]。

第三，争取舆论监督。舆论就是公众的意见，虽然没有强制力，却代表精神和道义的力量。图书馆既然是公益事业，所要维护的是全体公众的公共利益，就必须光明正大地站出来，振臂高呼，引起公众重视，引导公众监督和鞭挞数据商版权的私权利扩张行为。孟子在《公孙丑上》中言："以力假仁者霸。""假"即"借也"，"以力假仁者霸"，就是以"力"为后盾，借"仁"的名义而称霸。既然数据商公开宣称"维护社会公共利益，促进知识传播"这种"仁"，私下却凭借垄断数字资源这种"力"来营造霸权地位，图书馆就应引导公众监督、揭露数据商肆意扩张版权私权利的行为，这在图书馆维权话语权缺失的情况下，公众的舆论监督就可以作为图书馆维护自身权益和用户权益的一面旗帜，在与数据商的博弈中争取更多的利益空间。

---

① 史楠. 我国公共图书馆网站数字资源过量下载情况调查与分析[J]. 图书馆学研究，2011(10)：42—44.

② 吴蜀红. 约束数据库过量下载的版权公告亟待规范[J]. 大学图书馆学报，2010(4)：10—15.

2.3　条件成熟,坚决抵制

第一,依据现有法律的保护,抵制数据商的霸权行为。学术数据库是商品,因此学术数据库必须遵循商品生产和交换的法律,这一点也为图书馆利用法律武器维护自身和用户的合法权益提供了有力的支撑。首先,我国《反不正当竞争法》第 12 条规定:经营者不得违背购买者的意愿搭售商品或者附加其他不合理的条件来销售商品。该条就可以作为法律条款为“程焕文之问”的第二问提供抗辩的法律支持。其次,《中华人民共和国反垄断法》(以下简称《反垄断法》)第 55 条规定:“经营者滥用知识产权,排除、限制竞争的行为,适用本法。”这一条说明:如果数据商行使版权限制了公众对信息的获取或者限制了市场自由竞争,就可以依据《反垄断法》加以制止。这一条可以作为对数据商滥用版权诉讼抗辩的法律条款。再次,《反垄断法》第 13 条规定:分割销售市场或者原材料采购市场属于违法行为。国外大型综合数据库公司通过并购获得多种期刊的版权,数据商通过“独家授权策略”瓜分数字出版的“原材料”市场,总之,数据商采用多种方式垄断数字信息资源,然后依据数字资源的“唯一可获得性”谋求与图书馆交易的霸权地位,这样做本身就是违法行为,所以《反垄断法》第 13 条可以作为法律条款为“程焕文之问”的第八问提供法律支持。基于以上分析,图书馆要研究现有法律,争取利用法律武器维护自身权益,包括数字复制在内的合理复制权、规避技术措施的例外权、权利管理信息方面的豁免权等[①]。

第二,形成有约束力的联盟,联合抵制数据商的霸权行为。伴随着数据商随意涨价风波,2008 年爆发中国高校集体抵制爱思唯尔数据库公司的事件,但最后联合抵制无果而终,大部分高校虽心有不甘,但也不得不接受涨价方案。2010 年爱思唯尔数据库公司再次涨价,中国高校随即再次集体联合抵制,虽然多所高校发表联合抵制声明,但由于联合抵制声明并没有约束力,图书馆被数据商各个击破,联合抵制再次失败[②]。霍布斯说:“不带剑的契约不过是一纸空文。”[③]可见没有约束力的合作协议不会有效。所以,图书馆要想联合抵制数据商的霸权行为,必须要在主管机构的统一规划下,成立统一的具有法律或行政约束力的联盟机构,这样图书馆之间才不会走入囚徒困境,被数据商各个击破,最终丧失整个图书馆界的利益。所以,图书馆界形成有法律或行政约束力的联盟,联合抵制数据商的随意定价和涨价行为势在必行,这一点也可以回答“程焕文之问”的第一问、第四问。

第三,寻求新的立法支持,抵制数据商的霸权行为。目前我国能够保护图书馆和用户合法权益的现行法律缺失或者不完善,导致图书馆依靠现有法律抵制数据商的霸权行为步履维艰,因此笔者也无法依据现有的法律来回答所有的“程焕文之问”,必须寻求新的立法支持。例如,在《信息网络传播权保护条例》

---

① 华海英. 图书馆版权平衡理论研究[D]. 武汉:华中师范大学,2003.

② 李峻川. 学术数据库权利限制法律问题研究[D]. 烟台:烟台大学,2013.

③ 高全喜. 法律与自由[J]. 学海,2006(2):86—102.

中,对图书馆合理使用的规定过于概括,对“馆内服务与馆外服务”的界定模糊,对“数字浏览与数字化复制”的解释也不明确[①]。我国还没有专门规制版权滥用的法律[②],因此,要靠现行法律体系来抵制数据商的霸权行为力不从心,图书馆界须加强版权立法及实践的研究,寻求新的立法支持。首先,呼吁颁布《图书馆法》,参与《图书馆法》立法,代表社会公众发出权利诉求,靠新的法律强制力来矫正扭曲的版权利益机制。其次,完善合同法,判断“拆封合同”和“点击合同”等格式合同的法律效力,增加图书馆法定权利的强制性[③]。再次,呼吁对反版权滥用问题单独立法,呼吁在《诉讼法》中建立“知识产权公益诉讼制度”[④]。

总之,要寻求新的立法支持,在新法案中强调图书馆的合理使用权,重新诠释图书馆在数字技术背景中合理使用的范围和标准,满足图书馆因数字技术的发展对此类条款的新需求[⑤]。这样将会对所有的“程焕文之问”提供满意的答案。

---

① 刘婧.图书馆知识产权管理的影响因素[J].国家图书馆学刊,2009(2):44—46.

② 姜红.跨国公司知识产权滥用的法律规制——反垄断法律体系的视野[J].贵州大学学报(社会科学版),2011(1):45—50.

③ 周斌.版权在图书馆的滥用与法律规制[J].情报理论与实践,2013,36(2):31—34.

④ 刘健,卢延纯.滥用知识产权反垄断规制分析[J].价格理论与实践,2014(3):32—34.

⑤ 王根.中外版权制度中图书馆合理使用条款比较研究[J].图书情报工作,2010,54(23):39—42.

3 结语

数据库产业作为版权法保护的新兴产业，其权利在版权的严格保护与用户的依赖中过分扩张，已经损害公共利益，威胁知识传播，阻碍科学、学术进步。因此，回答“程焕文之问”就是探讨在拥有霸权地位的数据商主导的数据库交易市场，图书馆界如何从维护社会公共利益，促进知识的有效传播的视角出发，如何权衡利弊得失，做出应对策略的优化选择，有效抵制数据商的霸权行为，进而维护用户权利，保障数字资源的有效利用以促进图书馆的健康和可持续发展的问题。

（原载《图书馆论坛》2015 年第 6 期）

出版商在图书馆数据库贸易中滥用许可权的反垄断法规制

秦　珂(新乡学院图书馆)

在版权领域,“许可”(license)被认为是作者或其他版权所有者(许可人,licensor)给予作品的使用者(被许可人,licensee)按照合同(许可协议,licensing agreement)约定的条件使用特定的作品的授权(允许)[①]。许可协议对促进市场公平交易、科学配置资源、平衡社会利益关系有着重要的意义。图书馆对商业数据库的采购与使用被纳入订立许可协议的轨道。国际图书馆协会和机构联合会(Intemational Federation of Library Associations and Institutions,简称IFLA)版权与法律事务委员会(Copyright and other Legal Matters,简称CLM)主席Scottsuo M. 指出,许可协议是规范图书馆使用电子资源的法律补充手段[②]。但是,当数据库出版商曲解自由订立协议的内涵,视版权为竞争资

---

① 陈凤兰. 版权许可基础[M]. 北京:中央编译出版社,2011:3.

② 程文艳. 电子资源许可使用的发展脉络研究[J]. 图书馆建设,2009(9):31—34.

源，把许可协议作为垄断市场的工具而滥用许可权，不仅弱化甚至消除图书馆的法定权利，并且破坏、妨碍与制约市场竞争时就不能游离于反垄断法的审查和惩治之外。正如经济合作与发展组织（OECD）在相关报告中指出的：今天控制知识产权的行使是囿于竞争政策框架内的[①]。虽然数据库出版商滥用许可权不必定构成反垄断法追究的对象，但版权的独占性、排他性决定了权利许可与垄断的内在联系性，坚持以反垄断法这种“经济宪法”为基础规制滥用许可权不仅具有正当性和法理性，而且具有特殊的功能与优势。从反垄断法角度可以使图书馆界对数据库垄断问题的讨论和认识更加全面、深入、清晰与理性。

1 反垄断法规制滥用许可权的法理基础

1.1 版权的垄断性与许可权滥用

版权的本质是“私权”。《与贸易有关的知识产权协议》（TRIPs 协议）在序言部分强调：各成员方……认识到知识产权为私权。从继承性与社会性来看，版权又具备“公权”属性，公众对其有合法的接触与利用诉求，法律在保护版权的同时必须关照公共领域利益的实现。然而，版权是法定授权，是垄断的重要形式[②]。版权的法定垄断性和立法优位特性，不仅使权利人

① 王先林. 知识产权滥用及其法律规制[M]. 北京：中国法制出版社，2008：65.

② 冯晓青. 论知识产权的专有性[J]. 知识产权，2006(5)：26—31.

掌控了处置其版权的“绝对”权力,而且法律对权利人行使版权的制约远小于约束和排斥他人对版权的利用。一切垄断权都容易被滥用,这是万古不易的经验[①]。出于对资本的极力追逐,而许可协议又是实现版权价值的一种最有效载体,这就激发了权利人在法律庇佑下打着“协议自由”“私权自治”的冠冕堂皇的招牌,不再只把版权当成激励创新的催化剂,而是攫取垄断利润的机制,恣意滥用许可权。这就是出版商在同图书馆的数据库贸易中采取不合理的搭售、涨价、拒绝许可、权利限制等政策的根本原因。

1.2　许可权滥用的反垄断法规制

版权法内部对版权垄断设置了合理使用、法定许可、强制许可、保护期限等“平衡因素”。民法中的禁止权利滥用原则、诚实信用原则、公序良俗原则同样能够用来规范版权垄断与滥用行为。但是,版权法、民法都立足于私法框架内对假设的平等主体之间利益关系的调整,着眼点是保护私人利益。版权的垄断性和订立许可协议的“意思自治原则”还将强化不同主体之间悬殊的法律地位,进一步加剧垄断。版权许可作为交易手段必然受到经济活动规则的制约。于是,用反垄断法规制版权滥用就有了正当的法理基础。反垄断法是公法,是国家对垄断行为的“以权力制约权力”的主动强制干预,注重对社会整体利益的关照。立法赋予权利人享有垄断权,但是若滥用权力,则不受法

① 孟德斯鸠. 论法的精神(上册)[M]. 张雁深,译. 北京:商务印书馆,1982:154.

律保护[①]。反垄断法在图书馆等公共领域对数据库出版商滥用许可权的适用,既是立法要义所在,也是对版权法、民法中利益平衡机制局限性的弥补。

1.3 版权许可与反垄断法的离合

我们希求某种东西,要么是由于它自己的价值,要么是把它看作服务于最终希求的东西的手段[②]。数据库出版商滥用许可权就是服务于其希求的东西——经济利益(当然,不排除在某些情况下出版商行使许可权只是为了获得对人格权的尊重)。知识产权与反垄断法是“邻居关系”,如果权利人跨越权力界限滥用知识产权,就有可能进入反垄断法的范畴,遭到反垄断法的审查[③]。版权法保护垄断以便使权利人能够积极地去做出新的创造性贡献,反垄断法则憎恶垄断和打击损害竞争的行为,因此两种法律的冲突不可避免。但是版权许可与反垄断法不是绝对的分离对抗,而是在目标、功能、作用等方面有着互补、趋同、竞合的内在联系性。权利人行使许可权是为了赢得竞争,反垄断法则通过对滥用许可权的制裁,在法制化轨道上搭建版权公平竞争的舞台。英国知识产权委员会指出:只有得到有效的竞争

---

① 杨红军. 版权许可制度论[M]. 北京:知识产权出版社,2013:149.

② 马克思·韦伯. 社会科学方法论[M]. 李秋霞,田薇,译. 北京:中国人民大学出版社,1999:115.

③ 郑成思. 知识产权与反垄断法[M]. 北京:法律出版社,2001:83.

政策的支持,知识产权制度才能达到预期目的[①]。

2　可能受到反垄断法规制的滥用许可权行为

2.1　搭配销售

对于版权许可,搭售(tie-ins)是指被许可人获得授权的前提是附带地从权利人那里购买不需要的产品、接受不需要的服务或者获得不需要的其他权利[②]。搭售与“捆绑销售”虽有差别,但效果相同,实践中统称“搭售”。搭售是数据库出版商普遍采用的经营策略,比如 Springer、ACS、Blackwell、AIP/APS、IOP、RSC、Elsevier 等出版商的协议中都有搭销条款。“一揽子许可”是一种强制性搭售,是搭售的特殊类型,比如 Kluwer 等出版商要求图书馆整库购买或打包购买。尽管搭售对出版商具有降低交易成本、扩大利润空间、取得规模报酬等意义,但对图书馆的负面影响不可小觑:主要是削弱或剥夺图书馆对资源的自由选择权,使馆藏发展政策成为空谈,馆藏的适用性、馆藏结构的科学性下降;同时搭售使图书馆购入许多利用率极低的资源,或重复购买部分资源,既浪费资金,又增加预算压力,引发“期刊危机”。比如,华南理工大学图书馆 2009 年购买的 21 个外文

① 王先林. 我国反垄断法适用于知识产权领域的思考[J]. 南京大学学报,2013(1):53—63.

② 杨红军. 版权许可制度论[M]. 北京:知识产权出版社,2013:129.

期刊数据库中,8 个提出搭售要求,为此该馆不得不购买 104 种搭售的期刊,支出占全馆外文纸本期刊总经费的 18.81%[①]。在国外立法与司法实践中,搭售并不必然违法。比如,在美国,对搭售的反垄断查审就经历了从"本质违法"到"合理使用"的判断的思维转变,即搭售只要具有合理性,就可以视作合法行为;在欧盟,搭售是《罗马条约》禁止的行为,但是可以适用"技术必要性"规则得到豁免。我国《反垄断法》第 17 条第 5 款对搭售做了原则性规定,但没有针对版权许可搭售的具体内容。

2.2 价格控制

价格控制主要包括"掠夺定价""歧视定价""超高定价"三种类型。掠夺定价(又称"低价倾销")是出版商为了排挤竞争对手和垄断市场,以低于成本的价格销售数据库和相关服务。歧视定价(又称"价格歧视")是指出版商在提供数据库产品和服务时,对不同的用户提供与成本无关的区别性价格标准。比如 2006—2009 年 PQDT(B)博硕士论文数据库对我国集团成员馆数量达 45—60 家的,每馆价格为 3190 美元;成员数量达 61—75 家的,每馆价格为 2977 美元;成员数量达 76—95 家的,每馆价格为 2742 美元[②]。超高定价是指出版商依靠市场垄断地位,采用正常竞争条件下不可能的垄断价格销售数据库和服务。比

① 向林芳. 外文电子期刊数据库捆绑纸本订购模式分析[J]. 图书馆学研究,2012(3):52—57.

② 戴建陆,张宝玉,冉曙光. 数字资源集团采购价格模式探析[J]. 科技情报开发与经济,2011(21):163—165.

如,英国 RSC 在向 DRAA 提供的 2015 年及以后若干年的价格方案中,对吉林大学图书馆的访问费涨幅达到 400%[①],对中山大学图书馆的涨幅达到 500%[②]。国外数据库出版商在我国的定价策略往往是“低价进入,再提高价格,直至超高定价和垄断定价”。比如,ScienceDirect 就是靠“温文尔雅”的低价格“面具”诱导并发展我国用户,而后陆续提出强硬条款,包括捆绑纸质期刊、大幅涨价[③]。价格机制是市场竞争的核心,反垄断法通常不予干涉,但掠夺定价冲击和扰乱了市场竞争秩序,为反垄断法所禁止。表面看,掠夺定价降低了用户的支出,但竞争对手的不断出局会使价格强势反弹,最终损害的还是用户利益。至于对价格歧视、超高定价是否违背反垄断法的判断则比较复杂。比如,对因为工资、税收、交易量等造成的正常的价格差别与价格歧视有时就不易区分。再如,数据库质量、合理的利润补偿等也会影响对超高定价反垄断审查结果的界定。从各国立法和司法实践看,尽管对价格控制有例外规定和豁免的判例,但总的倾向是持否定观点,适用“本质违法标准”。

2.3　拒绝许可

拒绝许可是指权利人拒绝他人利用其作品,是行使权利的

---

① 吉林大学图书馆. 关于英国皇家化学学会(RSC)数据库中断访问的通知[EB/OL]. [2015 - 03 - 02]. http://lib.jlu.edu.cn/portal/notice/609.aspx.

② 中山大学图书馆. 关于联合抵制 RSC 数据库的情况通报[EB/OL]. [2015 - 03 - 02]. http//blog.sina.com.cn/s/blog4978019f0102ve4r.html.

③ 朱希琳. 外刊及数据库涨价太离谱[EB/OL]. [2015 - 03 - 02]. http//news.xinhuanet.com/zgjx/2010-09/06/c13480109.

一种方式,本身无可非议,也不存在法理缺陷。有学者认为,拒绝许可是权利人正当的合法行为,把拒绝许可归属于权利滥用没有客观、科学的依据和基础[①]。权利人拒绝许可图书馆利用其版权的案例存在于现实之中。比如,西蒙·舒斯特、麦克米伦等大型出版社就从未向图书馆提供过数字产品。哈珀柯林斯出版社只允许图书馆在有效期限内出借其电子书26次[②]。

图书馆最常遇到的是"有条件拒绝许可"(conditional refusals),即数据库出版商希望以不公平的非合理性商业条件与图书馆达成协议,否则就不向图书馆授权。在我国图书馆与国外数据库出版商的谈判中,有的出版商态度强硬,提出如果中国图书馆接受不了数据库价格,可以不购买[③],这是典型的有条件拒绝许可。对于拒绝许可,《伯尔尼公约》《世界版权公约》等国际条约和日本、加拿大等国家的版权法设置了"强制许可制度"。一般情况下拒绝许可不构成反垄断法规定的非法行为。比如,美国《知识产权许可的反托拉斯指南》不要求权利人承担必须向他人许可权利的义务。但是,假若拒绝许可限制了竞争,或者损害公共利益,就要受到反垄断法的规制。拒绝许可的反垄断法审查标准有"杠杆原则""关键设施原则"等。图书馆不是数据库出版商的市场竞争对手,在图书馆领域适用现行拒绝

---

① 肖维.《反垄断法》应审慎适用于著作权拒绝许可行为[J].中国版权,2011(4):40—41.

② 谷俊娟.美国公共图书馆电子书借阅服务模式的启示与思考[J].图书馆工作与研究,2012(10):34—37.

③ 张明伟.国内33家图书馆就个别期刊大幅度涨价联合发出公开信[EB/OL].[2015-03-02].http://news.bioon.com/article/6442238.html.

许可的反垄断审查标准存在不足和局限性。有学者认为,对于拒绝许可的反垄断审查,可以直接适用知识产权法中的合理使用原则,不需要额外的反垄断审查[①]。

2.4　权利限制

“限制性条款”(restrictive clauses)是除价格之外图书馆最为关注的数据库许可协议内容,因为许多限制性条款是出版商单方面制定并强加于图书馆的,其中不少规定超越了法律界限,吞噬了图书馆依法享有的权利,或者不合理地增加了图书馆的责任风险。大英图书馆知识产权助理 B. White 深刻剖析道:权利人许可的不是版权,而是协议本身[②]。在“拆封协议”(shrink-wrap contract)、“点击协议”(dick contract)逐步盛行的背景下,许可协议限制性条款有了更广阔、更有保障的用武之地,特别是版权技术保护措施的应用和为技术措施提供的版权法、合同法保护,使图书馆权利陷入了更加窘迫的“数字锁定”状态,即 Jason Mazzone 教授所说的“Copyfraud”[③]。早在 2000 年,IFLA 就在《许可原则》中指出,许可协议不能代替法律,应将排除法定限制条件或者权利人单方面订立的协议条款视作无效。合法的

① 刘彤. 欧美对于拒绝知识产权许可的反垄断审查标准及其对我国的启示[J]. 学术交流,2009(11):66—68.

② 黄国彬. 许可协议对我国可适用于图书馆的著作权例外的挤压研究[J]. 情报理论与实践,2012(4):43—46.

③ 杨斌,刘智鹏. 论网络授权合同与著作权限制的冲突与协调[J]. 湖北社会科学,2012(5):152—157.

限制性条款必须是法律明确规定的、公平合理的，是图书馆和数据库出版商都可以接受的。对于限制性条款可以进行反垄断审查，如果有法律依据，则被允许；否则，就要判断限制性条款是促进还是限制了竞争。另外，还可以采用公共政策标准开展审查，因为垄断权不能延伸到版权法之外，如果权利人通过限制条款获得法定授权范围之外的排他权或者垄断权，就违背了公共政策①。

3 关于滥用知识产权反垄断立法的思考

3.1 政策倾向的选择性

目前在有些国家滥用知识产权的反垄断立法是一项独立的法律制度，然而寻求知识产权与反垄断法之间的平衡从来都是困扰立法的核心问题。一方面知识产权是合法授权，反垄断法不应使这种权力被挤压或受到威胁，否则将有可能制约创新；另一方面，如果反垄断法失于苛责，又会助长滥用知识产权行为，损害竞争。反垄断立法无论是采取“知识产权优位理论”之上的“完全放任”政策，还是以“反垄断优位理论”为基础的“严厉管控”政策，都存在缺陷，不能实现知识产权许可与自由竞争之间的平衡。从国际动向看，欧美发达国家的反垄断立法呈现出从“严厉管控”向“宽松调整”演化的趋势，这成为部分跨国公司

① 林欧.美国版权滥用原则的演进与反思[J].科技与法律，2010(3):80—84.

(包括数据库出版商)在我国滥用知识产权的重要原因之一。我国理论界对反垄断立法的政策取向问题存在争论。有学者认为,在知识产权人与竞争者之间应采取倾向于保护竞争的立场[①]。另有学者指出,我国应以保护知识产权为主,反垄断法适用应当从宽[②]。对于不同社会发展阶段的国家,需要在国际法框架下结合自己的发展目标来确定具体的反垄断政策[③]。我国既要重视对知识产权的保护,又要积极应对发达国家利用其技术和产品垄断我国市场的挑战。从整体讲,我国处于重大技术、关键产品、特殊资源进口国的地位,反垄断立法应采取"适度严厉政策",这对反制包括数据库出版商在内的外国公司滥用知识产权的行为是非常有利的。

3.2 专门立法的必要性

我国《反垄断法》第55条规定,经营者依照有关知识产权的法律、行政法规规定行使知识产权的行为不适用本法;但是,经营者滥用知识产权,排除限制竞争的行为,适用本法。除此之外,我国对滥用知识产权没有统一、明确、详细的立法,相关规定分散在《民法通则》《合同法》《技术进出口管理条例》《知识产

① 吕明瑜.论中国知识产权垄断法律控制制度的指导思想[J].河南省政法管理干部学院学报,2009(1):120—125.

② 肖维.《反垄断法》应审慎适用于著作权拒绝许可行为[J].中国版权,2011(4):40—41.

③ 王先林,仲春.知识产权领域反垄断的国际视角[J].电子知识产权,2009(5):32—35.

权海关保护条例》等不同的法律法规当中。这些规定的立足点大多是推动创新、维护公序良俗，不足以全面揭示权利许可与反垄断之间的联系，更无法解决知识产权滥用遇到的一些具体问题，法律效力较弱。现行规定还存在原则性较强、缺乏细化、可操作性不高，以及将知识产权许可涵盖于技术许可的范畴，未能体现出其特殊性等不足。相对于有形财产权的滥用及其规制，知识产权是一种无形财产，对其滥用的规制需要建立针对性和专门性的规则、程序和操作依据。另外，希冀在综合性的反垄断法中囊括知识产权的全部内容也不现实，应该在健全《反垄断法》的基础上，按照相关原则与立法程序，制定《反滥用知识产权法》及其实施细则和配套法规。在《反滥用知识产权法》出台之前，可以在《反垄断法》中设置专门的章节。此外，要重视专门立法的域外适用性，这也是国际立法经验。比如美国的《谢尔曼法》原本实行属地管辖原则，后来扩展到对境外实施的有损美国公平竞争法律行为的规制，再延伸到对域外跨国公司滥用知识产权行为的调整。日本同样在《导入国际技术契约的认定指南》中采取了有利于被许可人而非有利于许可人的反垄断原则。

3.3 操作规则的细化性

各国反知识产权垄断立法普遍采取“同等适用”原则，但知识产权产品和服务以形成垄断，知识产权本身在许可、转让等交易中能够引发危害竞争的垄断。加之，知识产权的定价机制不同于有形财产和产品，从而使知识产权垄断的认定、评估变得烦琐而困难。国际上通常是靠颁布相关的反垄断政策指南来细化与解决具体的问题,比如美国的《知识产权许可的反托拉斯指南》《反托拉斯执法与知识产权》、日本的《国际许可协议反垄断指导方针》《知识产权利用的反垄断法指南》、加拿大的《知识产权领域竞争执法指南》、新加坡的《知识产权的对待》、韩国的《知识产权不当行使审查指南》等。这些政策提出了反知识产权垄断的原则,界定了滥用知识产权不当行为与合法情形,对构成违法行为的要件、认定标准和程序进行了规定。2008 年 5 月联合国贸发会议秘书处发布题为《竞争政策与知识产权行使》的报告,其中反映了发展中国家对知识产权领域反垄断的部分观点和诉求,提出立法的注意事项。这个报告对我国制定符合国情的反知识产权垄断政策指南具有重要的指导价值。我国《反垄断法》第 9 条第 3 款规定,国务院反垄断委员会负有“制定、发布反垄断指南”的职责。2009 年国家工商总局成立课题组开展《关于知识产权领域反垄断执法的指南》的研究制定工作,目前正在就征求意见稿进一步讨论及完善中。

3.4　审查标准的科学性

我国《反垄断法》没有就判断滥用知识产权排斥、限制竞争的反垄断审查标准问题做出规定。国际立法与司法实践中的标准主要有:①本质违法标准。即经营者只要有特定的行为即构成违法,不论其行为动机与后果,该标准的特点是法律的确定性、导向性和可以预期性,不足是适用范围的模糊性、假设性与权变性。②公共政策标准。该标准以法定授权为判断依据,经营者超范围行使权力以谋求更大的垄断权，则被认定违法。公共政策标准简化了违法判断程序，节约了司法资源，但是超越法定权限行使权力并非都构成对反垄断法的违反，所以往往难以适用[①]。③合理性标准。该标准是指某项行为是否构成反垄断法规制的对象，应由主管机构或者法院仔细考察经营者行为的目的、方式和后果，权衡促进竞争利益与损害竞争利益之间的差距，若前者大于后者，则被认为合法，否则不合法。合理性标准少了成文法的僵化，体现出更大的灵活性，但是司法成本较高。目前有的国家倾向于采用“一序列判定标准”，强调对某种限制竞争的行为开展“层次递进”判断：第一步，应用本质违法标准对明显的反竞争行为直接认定；第二步，如果某行为具有促进与限制竞争的双重效应，则要分析提升经济效益与反竞争影响之间的利弊；第三步，通过上述工作，如果仍然不足以界定某行为的合法与否，就要适用合理性标准。“一元序列判定标准”兼收不同反垄断审查标准的优点，弥补各自的不足，审查结果全面而客观。需要指出的是，对搭配销售、价格控制、拒绝许可等滥用许可权的行为，除适用一般审查标准外，还应针对各自特点适用专门性的判断标准。

（原载《图书馆论坛》2015 年第 7 期）

① 周啃龙. 论美国法上的版权滥用原则[J]. 中国版权，2007(7)：64—66.

图书馆在与数据库出版商博弈中的自我拯救

秦　珂(新乡学院图书馆)

“协议自由原则”的产生与存在有着深厚的理论支撑和广泛的社会基础,以至于被人们视作一项根本性的权利[①]。然而,当数据库出版商借口“协议自由”,向图书馆许可“协议”而非许可“版权”时,就产生“数字锁定效应”[②],其结果是图书馆的经济不堪重负,合法权利在协议自由的幌子下被挤压,行动受缚,公共利益机制被扭曲和动摇。“程焕文之问”正是中国图书馆界就数据库出版商对“协议自由原则”的非理性崇拜与滥用发自心底的愤慨和诘问。但在势力强大的数据库出版商利益集团面前,图书馆感到非常无奈。一方面,数据库出版商的行为似乎没有任何法律漏洞[③];另一方面图书馆找不到替代信息资源以应对数据库出版商的“断粮”要挟,只能且战且退,连知名图书馆

① 杨红军.版权许可制度论[M].北京:知识产权出版社,2013:126.

② 朱理.著作权的边界——信息社会著作权的限制与例外研究[M].北京:北京大学出版社,2011:171.

③ 陈中志,田晓晋.国际在线数据库疯狂涨价,浙大联手32家图书馆抵制[EB/OL].[2015-03-02].http://www.qnsb.com/freper/sitel/qnsb/html/2010-10/.

都不禁大呼“防守不了”①。相较于发达国家,我国数据库产业落后,竞争力不强,对重要信息资源产品的需求只能依赖于进口。在现实的国情下打破数据库出版商对信息资源的垄断,图书馆要非常重视自我拯救的价值与对策的运用。“程焕文之问”的本质所体现的是图书馆界的抗争勇气和对社会责任的担当,是唤醒图书馆人觉悟的呐喊与吹响自我拯救的冲锋号角。在图书馆与数据库出版商的博弈中,假若图书馆不能“自己救自己”,那么“人为刀俎,我为鱼肉”的局面不会改变。

1 数据库出版商滥用版权的原因分析

1.1 数据库出版商滥用版权的直接动因

1.1.1 版权产业强国的政治意图

版权产业是发达国家十分关键的经济部门,在国民经济中占有举足轻重的地位。比如,2012 年美国核心版权产业对 GDP 的增加值历史性地突破 1 万亿美元,被美国经济界视为具有里程碑意义的事件②。版权保护水平越高,越有利于发展与增强版权产业的竞争力。联合国贸发会议在题为《最不发达国家的报告》中指出,现有知识产权体系对知识产权的所有者较之使

---

① 魏巍.期刊涨价伤不起,科学家联名抵制出版巨头[EB/OL].[2015-03-02].http//www.tianjinwe.com/cul/tt/201207/t20120707.htm.

② 郑万青.《美国经济中的版权产业》最新报告评述[J].中国版权,2014(12):66—68.

用者而言更为有利[①]。发达国家总是希望将其版权保护理念植入国际与双边条约,迫使发展中国家和不发达国家接受(比如《与贸易有关的知识产权协议》从理念到措辞都带有美国立法的印记),而且动辄对其他国家挥舞知识产权制裁的大棒,以保障该国版权向海外的输出(比如美国《综合贸易与竞争法》中的"特殊 301 条款")。另外,发达国家的反垄断政策从"严厉管制"向"宽容规制"的转化也使"知识产权法变得刚性,而反垄断法趋于柔软"。发达国家保护版权的理念取向,激发了其数据库出版商在其他国家滥用版权的欲望。2006 年 8 月,"国际消费者联盟"(IOCU)在第 72 届国际图联(IFLA)大会指出,发达国家利用双边或地区协议扩大版权保护范畴,使发展中国家制定有利于本国的版权政策的能力降低。2008 年 10 月 EIFL 的 T. Hacket 在 IFLA 第 74 届大会指出,发展中国家在各类版权贸易协定和资源采购协议中被发达国家的资源提供商剥夺了许多应有的权利[②]。

1.1.2　出版商对垄断利益的追逐

数据库出版商是一种"经济人"。经济利益决定经济人的行为[③]。由于"许可协议"是实现版权商业价值最根本的手段,所以"成本—收益规律"必然促使数据库出版商凭借版权垄断

---

① 吕明瑜. 知识产权领域反垄断的政策选择[J]. 中国社会科学院研究生院学报,2014(4):65—70.

② 黄国彬. 许可协议对我国可适用于图书馆的著作权例外的挤压研究[J]. 情报理论与实践,2012(4):43—46.

③ 中共中央编译局. 马克思恩格斯选集(第二卷)[M]. 北京:人民出版社,1995:266.

地位，通过对许可策略近乎极致的运用实现对最大经济利益目标的追逐。比如，信息资源是天生的宜于实施捆绑销售策略的产品，数据库出版商将数字信息资源与纸质期刊等产品捆绑起来推销给图书馆，既可以提高产品的竞争力，又能够获取更大的经济效益。捆绑销售还设置了竞争壁垒，在增加其他数据库出版商进入相同市场领域难度的同时，使自己占据并扩大了垄断空间，攫取垄断利润。图书馆等用户购买了“捆绑包”中搭配的纸质期刊后，就没有足够的经费再去购买同学科内容的其他期刊，即便这些期刊的质量不逊于捆绑销售的期刊。也就是说，数据库出版商把销售策略构建在“许可协议”这种载体上，通过控制、排斥市场上替代资源的流通，来创造版权的“市场力”，但是却干扰与妨害了竞争，扰乱了正常的市场秩序，对图书馆的资源建设与服务产生不利影响，最终减损的是公共福利。这种状况的持续和恶化，还将降低图书馆的购买能力，反过来给数据库出版商造成经济损失，所谓“损人不利己”。

1.2　数据库出版商滥用版权的间接动因

1.2.1　我国立法的漏洞与缺陷

知识产权制度是“舶来品”。我国的《著作权法》尽管体现了国情，但是在立法理念、原则等方面不可避免地受到国外的影响。特别是在西方压力下的“被迫立法”，对国外法律的简单移植、仿造和无奈适应，造成法律的粗糙与逻辑混乱：一方面留下了法律盲点，另一方面对版权垄断等问题又缺乏具体的评估、判断标准和认定程序以及制裁措施。比如，《著作权法》及其配套法律制度只规定了版权许可、转让的要件,却没有对独占被许可人的义务与责任进行界定。总体而言,我国对版权垄断和滥用的规制停留在理论层面,还没有完整的法律架构。虽然《反垄断法》第55条使得对滥用知识产权行为的规范有了法律基础,但是反面解释却削弱了法律的强制力[①]。这样,我们对国外公司的垄断就显得无能为力,而我国公司在外国市场上却受到反垄断法的严格规制。从合同法来讲,虽然《合同法》对格式条款有专门规定,但是难以排除设置了版权限制和例外的协议的效力。这种格式条款通常也不符合一般合同无效或者撤销的条件,无法利用一般合同无效的条件予以否定[②]。然而按照欧盟《数据库法律保护的指令》(96/9/EC)的规定,权利人不能利用协议排除数据库的合法用户为获取和使用数据库内容所必需的行为。

1.2.2　版权保护技术发展应用

日新月异的版权保护技术不断增强着权利人"自助"维权的能力,不仅实现了权利人希望的"每看必授权""每看必付费"的版权管理的最佳状态,而且能够对用户使用版权的行为进行监督、跟踪、测评。技术变革还催生"拆封协议""点击协议"等数字环境中特有的许可模式,从而使不符合权利人意愿的任何使用版权的企图都变得不再可行。技术措施"全有或者全无"许可的极端性,啄食、侵占着公共利益。尤其严重的是,技术措施已被掩护于版权制度的翼下,助推了权利人的"技术遏制战

---

① 周虹.浅析跨国公司在华滥用知识产权之应对[J].怀化学院学报,2009(1):52—54.

② 朱理.著作权的边界——信息社会著作权的限制与例外研究[M].北京:北京大学出版社,2011:215—217.

略”大行其道。当前很多国家关于反规避技术的立法都超越了《世界知识产权组织版权条约》(WCT)第14条的要求,实际上消除了版权法中现行的限制与例外[①]。比如,假定权利人对作品采取了控制复制的技术措施,不规避或破坏该技术措施就无法以数字格式对其进行复制。由于故意规避或破坏技术措施是违法行为,那么图书馆根据这种例外本来可以实施的行为就无法得以实现[②]。相反,依据欧盟《信息社会版权指令》(2001/29/EC)的规定,如果权利人没有提供自愿技术措施,那么成员国需要采取适当措施保证权利人使限制和例外的受益人从中获益。

1.2.3 数据库的自然垄断属性

“开发成本较高,边际成本较低”的成本结构决定了数据库具备自然垄断属性。由于自然垄断性的存在,数据库的定价不能以边际成本为标准,因为收益无法弥补开发成本,只能高于边际成本定价。为了利用数据库的自然垄断性获得更大利润,出版商往往采取了“独占许可策略”。比如,自从1976年美国颁布修订的版权法后,美国几乎所有的科技期刊都要求作者在投稿或者文章发表时转让其所有版权(包括传统版权和电子版权)[③]。“独占许可”在我国同样普遍存在。比如,CNKI的独家

---

① 孙伶俐. 为视障者获取信息的版权限制与例外——世界知识产权组织相关议案述评[J]. 中国版权,2011(6):52—55.

② 朱理. 著作权的边界——信息社会著作权的限制与例外研究[M]. 北京:北京大学出版社,2011:215—217.

③ 钟紫红. 中美科技期刊著作权保护现状比较[J]. 中国科技期刊研究,2003(4):396—399.

授权期刊达到1600种[①]。与国外"先由作者向期刊社授权，期刊社再向数据库出版商授权"的做法不同的是，我国相当部分期刊社在未获得作者授权的前提下，直接与数据库出版商签订了独占授权经营协议，这种"越俎代疱"的授权，涉嫌违法。2011年，一项针对中国科协所属1050种科技期刊中的437种的调查表明，64.3%的期刊与作者签订了书面版权转让协议，而当年中国科协期刊在CNKI全文上网的比例高达91.9%[②]。出版商重组和兼并的规模化经营也强化了数据库的自然垄断性。目前，20世纪的国际十大出版集团已经合并成六家，大约80%的期刊资源被20%的出版社集中掌控[③]。

1.2.4　高估图书馆的购买实力

国外数据库出版商认为，从GDP总量看，中国已经成为世界经济强国，图书馆能够对数据库提价有承受力。特别是在西方发达国家经济增速放缓的背景下，国外数据库出版商更是期望在巨大的中国市场找到补偿。于是，有的国外数据库出版商提出要在2020年把中国图书馆使用其全文数据库的篇均成本提升至欧美发达国家的水平[④]。事实却是，我国仍处于社会主义初级阶段，同发达国家比较，经济和社会发展水平相对落后，

---

① 程焕文，黄梦琪. 在"纸张崇拜"与"数字拥戴"之间[J]. 图书馆论坛，2015(4)：1—8.

② 程维红，任胜利，路文如. 中国科协科技期刊数字出版版权问题调查[J]. 编辑学报，2012(6)：589—591.

③ 向林芳. 外文电子期刊数据库捆绑纸本订购模式分析[J]. 图书馆学研究，2012(3)：52—57.

④ 朱希琳. 外刊及数据库涨价太离谱[EB/OL]. [2015-03-02]. http://news.xinhuanet.com/zgjx/2010-09/06/c13480109.

人均 GDP 排位处于全球中下水平(100 名之外),对 R&D 的投入支付需求范围远大于发达国家支付需求范围,按照 GDP 总量来制定数据库在中国的销售价格,是站不住脚的。即便是在欧美发达国家,图书馆对数据库的持续涨价也难以承受。比如,2003 年起,斯坦福大学、哈佛大学等著名大学就采取了联合抵制数据库涨价的行动。2011 年年底,菲尔兹奖得主、英国著名数学家 William Timothy Gowers 号召学术界行动起来,抵制世界上最大的出版商 Elsevier 的涨价。Tyler Neylon 受到 William Timothy Gowers 的启发,创建名为"知识的代价"网站,已有数以万计的科学家在网站上签名,发誓不在 Elsevier 旗下的期刊发表论文、不做审稿人、不担任编辑,即所谓"三不政策"①。

2 数据库出版商滥用版权对图书馆的负面影响

2.1 压抑图书馆的业务活动

法律之所以允许权利人享有适当的垄断权,是希望社会从中受益。图书馆是作品传播与利用的桥梁,然而数据库出版商滥用版权,极大地压缩了图书馆的业务范围,使公共利益的实现变得困难。比如,Knovel Library 出版社规定:任何类型数据及传送的馆际互借都是不允许的。Nature + NSJ 数据库协议规定:

---

① 魏巍. 期刊涨价伤不起,科学家联名抵制出版巨头[EB/OL].[2015 - 03 - 02]. http://www. tianjinwe. com/cul/tt/201207/t20120707. htm.

须以硬拷贝形式而非电子版形式进行文献传递服务[①]。大英图书馆知识产权助理 Ben White 分析认为,90% 以上的许可协议比版权法赋予图书馆的例外权利小得多,甚至替代了版权例外[②]。当权利人利用技术措施来管控图书馆行为时,图书馆更是屈从于"一招致百式"的单一技术,无论是读者服务的多个层面,还是其他基础业务活动都全面受到压抑,包括对图书馆最基本的保存人类文化遗产的功能的打击[③]。改变这种状况,就必须从立法层面使图书馆的合理使用制度成为"强行法",禁止权利人利用协议自由原则排除版权例外的适用。

2.2　增加图书馆的经济负担

图书馆购买数据库的经济负担越来越大。国外有的数据库在中国的销售价格连续多年以百分之十几至二十几的幅度上涨,最少也有 5%—8% 的涨幅[④]。比如,2010 年,全国共有 197 家大学、机构购买 Elsevier 的期刊数据库,涨价比例从 9% 到 22% 不等,平均涨价幅度 18%[⑤]。RSC 为吉林大学图书馆提供

① 肖曼,尹高磊,赵艳. 许可协议中馆际互借和文献传递条款研究[J]. 图书情报工作,2014(18):30—35.

② 黄国彬. 著作权例外与图书馆可适用的著作权例外[M]. 北京:知识产权出版社,2011:201.

③ 美国图书馆协会. 数字环境下版权的穷竭和首次销售原则——图书馆协会在美国辩论中的立场[J]. 版权公报,2002(4):14—26.

④ 陈中志,田晓晋. 国际在线数据库疯狂涨价,浙大联手 32 家图书馆抵制[EB/OL]. [2015-03-02]. http://www.qnsb.com/freper/sitel/qnsb/html/2010-10/.

⑤ 王志林. 国外科技期刊数据库涨价,中国学术机构陷入困境[EB/OL]. [2015-03-02]. http://news.sina.com.cn/c/2010-09-07/110621054563.shtml.

的 2015 年价格方案中,涨价幅度高达 400%,而对中山大学图书馆的涨价幅度达到 500%[①]。图书馆的经济压力除了数据库的直接涨价外,还来自于捆绑销售的隐性涨价。比如,华南理工大学图书馆 2009 年订购的 RSC、IOP、AIP、APS 四个数据库中,纸本期刊捆绑费用是电子数据库费用的 5.53 倍,尽管电子数据库的价格不高,但由于捆绑销售纸本期刊,导致了总价格的上涨[②]。Elsevier、Blackwell 等出版商也都有保持或增加纸本期刊订购量而后再许可电子数据库使用权的规定。捆绑订购的期刊有很多是重复的,或者与教学、科研无关的,造成资金浪费。比如,2007 年暨南大学图书馆订购的 13 460 种外文电子期刊中有 4225 种重复,重复率达 31.9%[③]。况且按照协议,图书馆在一定时期内无权调换、取消重复订购的期刊或者利用率不高的期刊(通常一个订阅周期是 3—5 年)。

2.3 加大图书馆的法律风险

数据库出版商滥用版权,拉近了图书馆与法律边界的距离,陡然增加了图书馆的法律风险。在许可协议的限制性规定下,图书馆不知道究竟是应该按照法律行事,还是必须遵循许可协

---

① 中山大学图书馆. 关于联合抵制 RSC 数据库的情况通报[EB/OL]. [2015-03-02]. http://blog.sina.com.cn/s/blog4978019f0102ve4r.html.

② 向林芳. 外文电子期刊数据库捆绑纸本订购模式分析[J]. 图书馆学研究,2012(3):52—57.

③ 赵炜霞,李庆芬. 探析垄断市场条件下高校图书馆外文数据库资源建设[J]. 山东图书馆学刊,2012(1):87—90.

议的“约定”。于是图书馆在使用版权时变得谨小慎微、徘徊四顾、裹足不前,以免动辄得咎。特别是当部分协议条款难以理解时,图书馆就更是茫然不知所措。比如,一些协议中有“不得系统整体下载”等规定,却没有详细解释。许可限制协议还增加了读者掌握和使用版权规则的难度,“违规”几率大幅度增加,势必将图书馆牵连其中,为读者的行为承担法律责任。事实上我国许多大学图书馆、公共图书馆、科研机构图书馆都曾因为读者集中超量下载、系统整体下载、利用软件工具下载等行为受到数据库出版商的警告,或者停止数据库使用权。图书馆的法律风险还来自于版权协议排除对中国法律的适用。比如某数据库出版商既承认协议适用中国法律,又将法律关系分离出来适用美国法律,实际排除中国法律的适用,如果发生纠纷,图书馆的权益难以维护,“适用中国法律”就变成了“画饼充饥”[①]。

2.4　知识交流在图书馆受阻

数据库出版商对版权的滥用规避了市场监管,扰乱了正常的价格体系,排斥和限制了竞争,阻碍了其他竞争主体的市场进入,造成“市场关闭效应”。这严重影响了图书馆信息资源的补充、更新、传播与交流。比如,2010 年广东外语外贸大学购买 Elsevier 数据库的价格相对于 2007 年上涨幅度超过 300% ,被迫

① 张静. 国外电子资源授权许可协议法律适用问题研究[J]. 图书情报工作,2014(18):36—40.

停购[①]。不掌握全面和准确的经济、科技、文化信息,教学科研活动就如同打"盲拳",找不到研究方向、着力点与创新路径。美国哈佛大学教授顾问委员会在一份致全校教师的公开信中称:数据库的不断涨价,已经使学术交流环境在经济上"不可持续"[②]。数据库出版商滥用版权还危及图书馆的信息资源保存功能,由于图书馆购买的只是数据库的"使用权"而非"所有权",假若出版商因兼并、破产、重组、转行等原因停止运行,图书馆的资源仓库就会"空空如也"。虽然图书馆可以通过镜像等方式保存信息资源,但是不能从根本上解决问题,图书馆将始终摆脱不了"做无米之炊"的困惑。知识交流受阻,造成发展中国家对境外(尤其是发达国家)的教育、科技、经济动态的闭塞与信息收集的困难,抑制本国创新能力的提高,进一步扩大了南北差距。所以,有学者指出:现代的南北鸿沟形成的原因主要来源于发达国家对知识产权的垄断[③]。

3 图书馆对数据库出版商滥用版权的反制

3.1 掀起抵制滥用版权风潮

21 世纪以来,国际图书馆界掀起了对数据库出版商滥用版

---

① 李丽萍,张丽娟. ScienceDirect 数据库的订购问题及使用统计分析[J]. 图书馆论坛,2009(4):60—62.

② 魏巍. 期刊涨价伤不起,科学家联名抵制出版巨头[EB/OL]. [2015 - 03 - 02]. http://www. tianjinwe. com/cul/tt/201207/t20120707. htm.

③ 李萍. 论跨国公司知识产权输出与垄断——现阶段资本主义的一个新特征[J]. 马克思主义研究,2011(5):58—61.

权的抵制风潮,不断取得成果。比如,哈佛大学、马里兰大学、斯坦福大学等十多所大学的图书馆在对 Elsevier 的斗争中,削减了捆绑订购的期刊。2006 年,数学界顶尖期刊《拓扑学》编委集体递交辞呈,抗议涨价。2008 年,法国巴黎高等师范学校从 Elsevier 手中收回《高等师范学校科学纪事》,不再交给该出版商牟利[①]。2007 年,我国台湾高校在"学术电子信息资源共享联盟"的领导下,采取强硬对策,迫使出版商的涨价图谋不仅未能得成,反而降价 8.6%[②]。我国反数据库出版商滥用版权运动开始的标志是 2010 年 10 月 33 家知名图书馆和信息服务机构联合发表《致国际出版商的公开信》《致中国科技文献读者的公开信》,至 2014 年与 2015 年交接之际,运动达到一个新的高度。图书馆在与出版商的"单打独斗"中往往处于下风,只有联合起来"抱成团",才能赢得胜利,这早已被美国、日本、欧盟等国家和地区的图书馆界针对版权扩张、隐私危机、预算紧缩等问题开展的自我拯救运动证明。面对强大的数据库出版商利益集团的挑战,中国图书馆学会应该勇敢地站出来,领导、策划、组织、推进维权运动,加强社会宣传,营造舆论声势,协调解决相关重大问题,积极寻求立法与司法对出版商垄断与滥用版权的干预。

---

① 朱希琳. 外刊及数据库涨价太离谱[EB/OL].[2015 - 03 - 02]. http://news.xinhuanet.com/zgjx/2010-09/06/c13480109.

② 王东,李丽. 寻味爱思维尔数据库涨价风波[EB/OL].[2015 - 03 - 02]. http://www.cjcb.com.cn/news.ynxx-show.asp? id = 5650.

3.2 建立许可协议标准模板

自从1999年英国联合信息系统委员会(JISC)与英国出版者协会(PA)公布PA/JISC许可协议模型,率先提出许可协议的意义、概念、格式、条款、内容之后,国际图书馆界推出的标准许可协议已有数十种之多,代表性的有"美国加州数字图书馆标准许可协议"、美国图书馆和信息资源理事会(CLIR)与数字图书馆联盟(DFL)的"Liblicense标准许可使用协议"、JohnCox的模板许可证,等等。一项对美国73家各类型图书馆的调查结果显示,有60家图书馆使用了标准许可协议[①]。许可协议的作用是以标准的格式列出各项条款,清晰定义法律内涵及图书馆相关术语,详细阐述许可协议应具备的条款及相应规定,一些许可协议模板还为部分条款提供了备选项。以许可协议模板为基础谈判,能够降低法律复杂性、提高许可效率、实现图书馆与出版商的互惠互利[②]。中国图书馆学会尚未制定供各类型图书馆使用的许可协议模板,DRAA尽管出台了协议规范文本,但是存在着内容不完整,关键必备字段缺失、术语不规范、表达不清晰等问题。我国图书馆版权许可协议模板,除了要包括必须具备的各项要素外,还要强调对中国法律的适用、选择中国法院管辖,对于涉及不同法律关系的争议可分割适用法律。

---

① 杨志刚,徐静.美国研究图书馆协会2010年电子资源评估调查[J].图书与情报,2011(1):45—49.

② 唐琼.国外数字资源许可协议模板研究[J].情报资料工作,2011(5):41—44.

3.3　增强集团许可谈判能力

图书馆集团许可肇始于美国,IFLA、ICOLC、ECUP、ACL 等世界知名学术团体都曾就集团许可提出指导意见,举办过相关主题的全球性学术会议。2012 年,我国学者对 150 个图书馆联盟的调查表明,其中 140 个开展了集团许可,超过 90%[①]。集团许可的谈判主体是图书馆联盟,对出版商滥用版权有较强的威慑力与遏制力,可以促使出版商降低数据库价格,并赋予图书馆较大的权利。虽然集团许可的谈判过程往往曲折坎坷,甚或达不到预期的目标,但是的确可以作为图书馆反制版权垄断的重要策略。比如,2010 年 8 月至 12 月,DRAA 经过 4 个月的艰难谈判,最终使 Elsevier 同意修改针对中国市场的定价政策,将原本要在 2020 年使中国的价格水平追平国际价格水平的目标,修改为通过 20—25 年时间(即到 2030—2035 年)逐步接近国际价格水平[②]。图书馆联盟要加强自身建设,构筑和完善运行机制,开展绩效评价等科学管理活动,要不断提高谈判和履约能力,逐步打造谈判协议的最佳选择方案(BATAN)。我国有条件的图书馆还应积极加入 ICOLC 等国际性的图书馆联盟。

---

① 董伟,费东琴. 数字资源集团采购合作管理内容研究[J]. 情报科学,2014(4):131—135.

② 赵炜霞,李庆芬. 探析垄断市场条件下高校图书馆外文数据库资源建设[J]. 山东图书馆学刊,2012(1):87—90.

3.4 组织整合替代信息资源

在与数据库出版商的较量中,图书馆不能“坐以待毙”,必须寻找“突围”的路径,其中加强对开放资源的组织整合就是一种非常重要而正确的策略。现在,国外许多大学图书馆(比如:美国的杜克大学图书馆、加拿大的温莎大学图书馆、澳大利亚的墨尔本大学图书馆等)在遇到版权许可阻碍时,都会向教学科研人员主动提供开放资源,西班牙国家图书馆、德国国家图书馆等公共图书馆也都向用户提供“CC0 协议”许可选择(这种许可协议允许图书馆以任何方式使用开放资源,包括商业性利用)。我国图书馆对开放资源组织整合的范围比较窄,揭示程度还比较低。据 2013 年对我国“211 高校”图书馆的调研,其中 31.63%的图书馆建立了开放资源集成检索平台,采用 OPAC 整合模式的有 12 所,占 12.24%,而且 2/3 是国内一流的研究型大学。同时采用资源列表、链接、集成检索揭示开放资源的图书馆占 17.35%。在整合开放资源的数量上,近 50%的图书馆只揭示了 1—5 个[①]。图书馆除了采用 OPAC 对开放资源深度整合外,还可以通过 OAI、Open、DOI、URL 等实现跨库操作。图书馆要积极从事开放资源的延伸性服务,比如参与开放出版、同出版商合作提供资源的开放获取、合作存储等。随着强制性开放政策的普及,图书馆将会收集、组织和揭示更多类型更丰富的开放资源。

① 陈玲洪.高校图书馆开放存取资源揭示现状调查与实施策略研究[J].图书馆,2014(2):63—65.

3.5 积极寻求政府性购买

“政府许可”是许多国家解决数据库出版商与图书馆矛盾的重要措施,比如丹麦的 DEFF 项目、波兰的 B-ON 项目、美国的 WPLC 项目、英国的 NESL12 项目等。政府许可的实质是政府使用公共财政资金购买公共服务。1997 年,我国教育部、科技部、中国科学院、中国自然科学基金委员会等单位首次用政府购买的方式联合引进 Science Online 数据库。现在,政府购买的政策环境在我国逐渐形成,继 2006 年 9 月《国家“十一五”时期文化发展规划纲要》提出要通过政府购买提供免费文化服务之后,2013 年 9 月国务院又发布《关于政府向社会力量购买服务的指导意见》,同年 11 月十八届三中全会在《中共中央关于全面深化改革若干重大问题的决定》中提出政府购买的原则。12 月财政部出台《关于做好政府购买服务工作有关问题的通知》,明确政府购买的操作规范。在此背景下,数字资源的政府购买活动趋于频繁。比如,首都图书馆以“全国文化信息资源共享工程”为依托,对“读秀知识库”“信息内容传输服务”等招标采购。又比如,国家图书馆引进剑桥大学出版社的数据库,供全国无偿使用,实现政府购买版权。广州、无锡等地方政府都开展了政府购买图书馆数字资源的工作。就目前情况看,政府购买数字资源存在着范围小、资金使用效率不高、制度供给不足、社会组织能力不强、程序不规范、合同化管理不完善、评价机制不健全等问题。建议借鉴日本《图书馆法》曾经设立的“国库补助金”制度的做法,建立政府专项资金,符合条件的图书馆可以申请使用该制度中的“奖励金”,用于购买信息资源。

3.6 发展壮大图书馆基金会

图书馆引进数字资源的最大障碍就是资金不足,而基金会可以广募财源,多途径解决资金困难的问题。据美国基金会中心的统计,截至2011年10月美国至少有255个与图书馆直接相关的基金会组织,分布在全美45个州,其中罗得岛州、纽约州等地区的图书馆基金会达数十个[①]。我国第一家图书馆基金会是2003年成立的“杭州市图书馆基金会”,至2012年年底,该基金会共募集资金900多万元[②]。本土图书馆基金会还有新华财经图书馆基金会、西部阳光农村发展基金会图书馆项目等。我国图书馆的发展也得到国外基金会的资助,比较著名的有海外中国教育基金会、盖茨基金会、中国滋根乡村教育与发展基金会、美国青树教育基金会等。为了促进我国图书馆基金会的发展,要健全法律法规,培育基金会的生存能力;要理顺投资主体与管理主体的关系,建立合理的政策激励机制;要重视对基金会的监督管理。图书馆基金会要依法办事,开展评价和反馈,提高社会公信力;要创新投资模式,拓宽服务领域,降低运行成本;要加强国际合作交流,学习先进经验;要开展社会宣传,营造舆论氛围;要培养专门人才,发展志愿者队伍。

(原载《图书馆论坛》2015年第8期)

---

① 李丹. 美国图书馆基金会的发展及启示[J]. 图书馆杂志,2012(12):76—79.

② 梁亮. 杭州市图书馆事业基金会的公益实践与理念[J]. 图书与情报,2013(6):69—72.

我国英文学术型数据库市场的垄断特征分析

李　慧(南京邮电大学图书馆)

引言

2014 年 1 月 3 日程焕文发表题为《十问数据商!!!》的博文,2014 年 2 月 27 日《中国教育报》刊发新闻《数据资源:高校图书馆的痛》,2015 年年初《图书馆论坛》开设"'程焕文之问'专题研讨"栏目,《"程焕文之问"的数据库垄断观解读》①《"纸张崇拜"与"数字拥戴"之间——高校图书馆信息资源建设的困境与出路》②等论文相继刊发,数据库垄断问题再度引起关注。

---

① 李明理. "程焕文之问"的数据库垄断观解读[J]. 图书馆论坛,2015(3):1—8.

② 程焕文,黄梦琪. 在"纸张崇拜"与"数字拥戴"之间——高校图书馆信息资源建设的困境与出路[J]. 图书馆论坛,2015(4):1—8.

图书馆与数据商之间的博弈由来已久，一直以来双方从不同立场思索策略。国际数据商从打开我国市场到培养用户习惯，再到单独建库差别营销，直至近年大幅提价，战略定位清晰，策略执行按部就班。我国高校图书馆（以下简称“高校馆”）积极应对，无论是过去的 CALIS 还是如今的 DRAA（高校图书馆数字资源采购联盟），均试图通过联合全国高校馆提升数据资源贸易的议价能力，尽可能将数据库价格控制在能接受的范围内，取得了一定成效，比如通过谈判，与爱思唯尔（Elsevier）达成谅解备忘录，原定于 2020 年将我国市场的数据库价格提升至国际水平的目标被推迟至 2030—2035 年[①]。然而，随着国际数据库市场格局成型，加之近年欧美经济低迷，人民币汇率攀升，国际数据商难以达到目标利润增长率，为此，部分数据商转变逐年提价方式，执行大幅提价策略，尤以 2014 年年末英国皇家化学学会的大幅提价最为引人瞩目，引发我国高校馆发起联合抵制行动，使“程焕文之问”成为高校馆乃至整个图书馆界亟待解决的问题。我国图书馆界对自身与数据商之间关系的认识较正面，认为是相互依存、互利互惠的合作伙伴关系[②]，坦言数据商是现代图书馆的重要支持机构。基于这种认识，高校馆与国内的知网、万方、超星等建立了良好的伙伴关系，不少高校馆还与国内数据商合作，将读者培训与产品推广进行结合，

---

① 高毅哲. 数据资源：高校图书馆的痛[EB/OL].[2014-02-28]. http://www.edu.cn/focus_1658/20140228/t20140228_1079784_3.shtml.

② 王小会. 版权与合同：图书馆数字资源采购中的博弈与制衡[J]. 图书情报工作，2008(8):81—84.

实现了合作共赢[①]。那么,这种合作模式为什么无法在高校馆与国外数据商间复制呢？笔者认为,图书馆与数据商关系的优劣取决于数据库市场是否属于充分竞争市场。在中文数据库市场,几家实力相当的数据商长期并存,数据库产品可替代性高,因此,虽然数据商数量不多,但买卖双方的贸易地位基本平等,易于建立长效合作机制。值得注意的是,为降低数据库的可替代性,近年我国某些数据商通过独家授权方式与期刊合作,但由于我国数据商相较于国际数据商,实力不够雄厚,该战略布局进展缓慢,图书馆界仍具备提前谋划应对措施的条件。而国际数据商虽然数量多,但在某些细分市场呈现寡头垄断,甚至完全垄断的市场特征,目前这一市场格局已经形成,因此买卖双方处于不平等的贸易地位,必然影响合作关系。

为验证上述观点,本文调查我国39家“985工程”高校馆英文数据资源建设情况,试图展现国内英文学术型数据库贸易市场环境,既促进客观分析国际数据商是否涉嫌垄断经营,高校馆是否具备国际诉讼条件,也为高校馆、DRAA未来的数据库采购策略提供建议,供高校馆改变贸易弱势地位参考。

1　“985工程”高校馆英文数据库建设调查

2008年孙秀丽和刁卫妮分别调查我国高校馆数据库情况,

---

① 林水灿.图书馆读者培训与数据商产品推广合作双赢的实践[J].情报探索,2014(1):133—135.

其中孙秀丽调研各省份具有代表性的45家高校馆[①],习卫妮重点调查“211工程”高校的数字图书馆[②],他们基于调研数据,对当时高校馆数字资源建设方向提出了建议。两次调研距今逾7年,且调研内容偏重于资源总量和种类,对英文数据库建设情况的调研纵深度不足。为此,本文根据研究目的,重新设计调研方案,旨在全面客观展示我国英文数据库市场的整体情况。

1.1 调研范围与实施

(1)调研对象。调研选取39家“985工程”高校馆的英文学术型数据库(其他语种外文数据库不在本次调研范围内)。主要基于三方面考虑:从经费看,“985工程”高校馆经费比较充裕,数字资源建设规模大、质量高,在数据库购置规模和质量上具备典型性;从学科看,“985工程”高校中综合性大学居多,学科设置较全面,在数据库购置的种类和范围上具备全面性;从DRAA看,“985工程”高校馆由于建设水平高、采购种类多、议价能力强,是DRAA重要成员馆,其数据库建设情况在DRAA联盟内具有代表性。

(2)调研内容。包括英文数据库资源数量和种类、资源提供商、学科权威市场的份额。

(3)实施方法。通过高校馆网站调查英文学术型数据库采购

① 孙秀丽.高校图书馆数字资源建设与利用调查分析[J].大学图书馆学报,2008(6):45—50.

② 习卫妮.我国高校图书馆数字资源建设的调查研究[D].武汉:华中师范大学,2008:1.

情况,通过 DRAA 网站公布的数据库名录分析各数据商的市场份额,参考数据商网站,了解高频订购数据库的产品内容和特点。

(4)调研时间。2015 年 2—3 月。

不同高校馆对数据库的分类组织标准和整合方式不同,给调研带来一定困难,为此参考清华大学图书馆的整合方案,对 EBSCO、EV、SCIFINDER、Web of Science 等提供统一检索平台的数据库进行汇总,最终结果见表 1。

表 1　“985 工程”高校图书馆英文学术型数据库引入情况

图书馆所属高校	数量	图书馆所属高校	数量
北京大学	111	中国科技大学	51
浙江大学	106	山东大学	50
清华大学大学	100	北京理工大学	49
北京师范大学	91	哈尔滨工业大学	45
同济大学	87	东北大学	45
华中科技大学	82	天津大学	44
南京大学	80	湖南大学	44
武汉大学	80	华南理工大学	43
大连理工大学	73	西北工业大学	43
中山大学	72	电子科技大学	41
南开大学	71	北京航空航天大学	41
吉林大学	70	兰州大学	37
复旦大学大学	69	西北农林大学	35
上海交通大学	65	中国农业大学	31
四川大学	65	国防科技大学	29
厦门大学	63	中国海洋大学	28
西安交通大学	62	重庆大学	27
中国人民大学	59	华东师范大学	21
中南大学	55	中央民族大学	9
东南大学	54		

在39家高校馆中,3家订购100余种英文数据库,22家订购超过50种英文数据库,总订购次数为2228次,数据库种类为388种,可见我国英文学术型数据库市场规模较大。其中被订购次数超过10次的数据库67种,占学术数据库总类别数的17.2%,体现出非常明显的马太效应,本文称为“高频订购数据库”,见表2。从表2中可发现,高频订购数据库呈现出两种较明显的类别形态:一是提供统一检索入口的综合平台型数据库,二是由单一学科学会出版商提供的学科权威型数据库。从市场营销角度看,可视为一般市场和细分市场的差别经营策略,以满足用户检全和检准两大检索需求。

表2 “985工程”高校图书馆高频订购数据库名单及订购次数

序号	数据库名称	订购次数
1	EBSCO平台(ASC、BSP、CMCC、ERIC)	38
2	SpringerLink电子期刊及电子图书	37
3	ACSPublications(美国化学学会出版物)	36
4	IEL(IEEE/IET)(美国电气电子工程师学会/英国工程技术学会)	36
5	ScienceOnline(科学在线)	36
6	ACM(美国计算机协会)	35
7	Emerald期刊与丛书	35
8	Nature自然杂志	34
9	SAGEJournals(SAGE在线资源)	34
10	WebofScience平台(SCI/SSCI/AHCI、ISTP/ISSHP、DII、JCR、BP、CCC、CCR/IC、ESI、INSPEC…)	34

续表

序号	数据库名称	订购次数
11	ElsevierScienceDirect 全文库	33
12	OUP-OxfordUniversityPress(牛津大学出版物)	33
13	ProQuest 平台(ABI、ARL、PSJ、PQDT、APA、原 CSA 平台各库)	33
14	AIP(美国物理联合会)	32
15	EV 平台(EI、INSPEC)	32
16	IOP(英国物理学会)	32
17	CambridgeJournals(剑桥大学期刊)	31
18	APS(美国物理学会)	30
19	RSC(英国皇家化学学会)	30
20	SciFinder(CASREGISTRY、CHEMLIST、CCASREACT、CHEMCATS)(化学文摘)	29
21	SIAM(美国工业与应用数学会)	29
22	Taylor&Francis 电子期刊	29
23	WileyOnlineLibrary(Wiley 在线)	29
24	MathSciNet(美国《数学评论》)	27
25	OSA(美国光学学会)	27
26	Westlaw(法律检索数据库)	26
27	ASME(美国机械工程师协会)	25
28	CALIS 外文期刊网	25
29	AnnualReviews(年度综述数据库)	24
30	JSTOR(过期期刊)	24
31	ProQuest 学位论文全文库	24

续表

序号	数据库名称	订购次数
32	ASCE(美国土木工程师学会)	23
33	OCLC(联机计算机图书馆中心)	23
34	CellPressJournals(细胞杂志)	22
35	Frontiers 系列期刊	20
36	NSTL 订购电子资源	20
37	SPIE(国际光学工程学会)	20
38	Heinonline(法律期刊全文库)	19
39	EBOnline(不列颠百科全书)	18
40	Gale(BIC、BGMI、BIG、ECCO、GREENRGRR、LRC、OVIC、PROMT…)	18
41	PNAS(美国《国家科学院院刊》)	18
42	MyLibrary 电子图书	17
43	LexisNexis(综合法律资料数据库)	16
44	Scopus 平台(文摘索引库)	16
45	AGU(美国地球物理学会)	15
46	AIAA(美国航空航天学会)	15
47	Incites(基于引文建立的综合评估工具)	15
48	AMS(美国数学学会)	14
49	KluwerArbitration(国际商事仲裁在线)	14
50	OVID	13
51	ASM(美国微生物学会)	12
52	ASTM(美国材料与试验协会)	12
53	BMJ(英国医学会)	12

续表

序号	数据库名称	订购次数
54	EarlyEnglishBooksOnline(EEBO)(英文早期图书在线)	12
55	ESI(ISI)(基本科学指标数据库)	12
56	LWW(医学全文期刊数据库)	12
57	Thieme	12
58	BegellHouseDigitalLibrary(BDL)	11
59	BvD 系列数据库(BankScope、ORIANAOSIRIS、ZEPHYR、Countrydata)	11
60	CambridgeArchiveeditions(剑桥档案编研)	11
61	IMechE(英国机械工程师协会)	11
62	Karger 生物科学数据库	11
63	PAO(典藏人文社科全文期刊库)	11
64	ProjectMUSE(人文艺术期刊)	11
65	Reaxys(化学数值与事实数据库)	11
66	ScitationCollection(ASA、AAPT、AAPMAVS、SOR)	11
67	CPCI(会议索引文献)	10

表 3 是对应 DRAA 公布的数据库代理商名录,统计“985 工程”高校馆英文学术型数据库市场份额。超过一半的市场份额被 iGroup、Elsevier、Thomson Reuters、ProQuest 和 CINFO——现代信息 5 家分割,其余市场份额则由 27 家分享。从市场整体看,呈现一定的寡头垄断倾向,但典型性略显不足。

表 3 高频定稿数据库提供商的市场份额统计

序号	数据商	包含数据库	订购次数	市场份额(%)
1	iGroup	AIAA(美国航空航天学会);SPIE(国际光学工程学会);Annual Reviews(年度综述数据库);OSA(美国光学学会);SIAM(美国工业与应用数学学会);AIP(美国物理联合会);ACM(美国计算机协会);ACS Publications(美国化学学会出版物);Science Online(科学在线);Scitation Collection(ASA、AAPT、AAPM、AVS、SOR);ASCE(美国土木工程师学会);ASME(美国机械工程师协会);APS(美国物理学会);Thieme;IEL(IEEE/IET)(美国电气电子工程师学会/英国工程技术学会);BMJ(英国医学会);SciFinder(CAS REGISTRY、CHEMLIST、CCASREACT、CHEMCATS)(化学文摘)	432	29.03
2	Elsevier	EV 平台(EI、INSPEC); Elsevier ScienceDirect 全文库; Reaxys(化学数值与事实数据库); Scopus 平台;Cell Press Journals(细胞杂志数据库)	114	7.66

续表

序号	数据商	包含数据库	订购次数	市场份额(%)
3	Thomson Reuters	CPCI(会议索引文献);ESI(ISI)(基本科学指标数据库);incites(基于引文建立的综合评估工具);Westlaw(法律检索数据库);Web of Science 平台(SCI/SSCI/AHCI、ISTP/ISSHP、DII、JCR、BP、CCC、CCR/IC、ESI、INSPEC…)	97	6.52
4	ProQuest	PAO(典藏人文社科全文期刊库);ProQuest学位论文全文库;ProQuest 平台(ABI、ARL、PSJ、PQDT、APA、原 CSA 平台各库);Early English Books Online(EEBO)(英文早期图书在线)	80	5.38
5	CINFO——现代信息	Heinonline(法律期刊全文库);MathSciNet(美国《数学评论》);BvD 系列数据库(BankScope、ORIANA、OSIRIS、ZEPHYR、Countrydata);Project MUSE(人文艺术期刊)	68	4.57
6	Sage	IMechE(英国机械工程师协会);SAGE Journals(SAGE 在线资源)	45	3.02
7	John Wiley	Wiley Online Library(Wiley 在线图书馆);AGU(美国地球物理学会)	44	2.96
8	EBSCO	EBSCO 平台(ASC、BSP、CMCC、ERIC)	38	2.55
9	Springer	SpringerLink 电子期刊及电子图书	37	2.49

续表

序号	数据商	包含数据库	订购次数	市场份额(%)
10	Emerald	Emerald 期刊与丛书	35	2.35
11	Nature	Nature(自然杂志)	34	2.28
12	牛津大学出版社	OUP—Oxford University Press(牛津大学出版物)	33	2.22
13	英国物理学会出版社(Institute of Physics,IOP)	IOP(英国物理学会)	32	2.15
14	查尔斯沃思(北京)信息服务公司	ASM(美国微生物学会);PNAS 美国国家科学院院刊	30	2.02
15	英国皇家化学学会(Royal Society of Chemistry,RSC)	RSC(英国皇家化学学会)	30	2.02
16	Taylor & Francis 公司	Taylor & Francis 电子期刊	29	1.95
17	Ovid Technologies	LWW(医学全文期刊数据库);ovid	25	1.68

续表

序号	数据商	包含数据库	订购次数	市场份额(%)
18	中国高等教育文献保障系统	CALIS 外文期刊网	25	1.68
19	美国 JSTOR 公司	JSTOR(过期期刊)	24	1.61
20	联机计算机图书馆中心(Online Computer Library Center,OCLC)	OCLC(联机计算机图书馆中心)	23	1.55
21	高等教育出版社	Frontiers 系列期刊	20	1.34
22	国家科技图书文献中心	NSTL 订购电子资源	20	1.34
23	Encyclopaedia Britannica	EB Online(不列颠百科全书)	18	1.21
24	Gale Cengage Learning	Gale(BIC、BGMI、BIG、ECCO、GREENR、GRR、LRC、OVIC、PROMT…)	18	1.21

续表

序号	数据商	包含数据库	订购次数	市场份额(%)
25	英格拉姆数字集团(Ingram Digital)	MyiLibrary 电子图书	17	1.14
26	LexisNexis	LexisNexis(综合法律资料数据库)	16	1.08
27	Kluwer Law International	Kluwer Arbitration(国际商事仲裁在线)	14	0.94
28	AMS 出版社	AMS(美国数学学会)	14	0.94
29	ASTM 国际标准化组织	ASTM(美国材料与试验协会)	12	0.81
30	瑞士 Karger 医学出版社	Karger 生物科学数据库	11	0.74
31	剑桥大学出版社	Cambridge Archive editions(剑桥档案编研)	11	0.74
		Cambridge Journals(剑桥期刊)		
32	Begell House 出版社	Begell House(生物医学期刊) Digital Library(BDL)	11	0.74

1.2 综合平台型市场和学科权威型市场的市场占有率分析

英文学术型数据库正在向两个方向发展:以知识组织与检

索服务为核心竞争力的综合性平台;以内容为核心竞争力的权威型数据库,两者瞄准不同的细分市场,本文称为"综合平台型市场"和"学科权威型市场"。图1和图2展示两个细分市场的占有率情况。在综合平台型市场,75%的市场被10家数据商分割,25%的市场由另外10家数据商分享,其中Elsevier、iGroup、ProQuest 3家均分约33%的市场,形成三足鼎立的市场格局。而在学科权威型市场,整合大量学会刊物的iGroup占据49%的市场,其余9家分享40%的市场,仅11%的市场由其余6家分享。表面看学科权威型市场呈现iGroup一家独大的形势,其他数据商的垄断特征不明显,但如果将学科权威市场进一步按照学科细分,在物理、化学、数学、生物等学科,某些学会刊物或重要期刊也呈现绝对垄断的特征。这解释了英文学术型数据库呈现一定寡头垄断倾向,但典型性略显不足的现象。

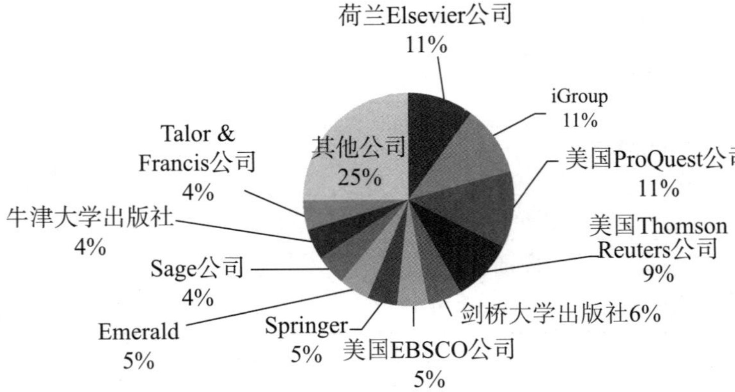

图1　综合平台型数据库市场占有率分布图

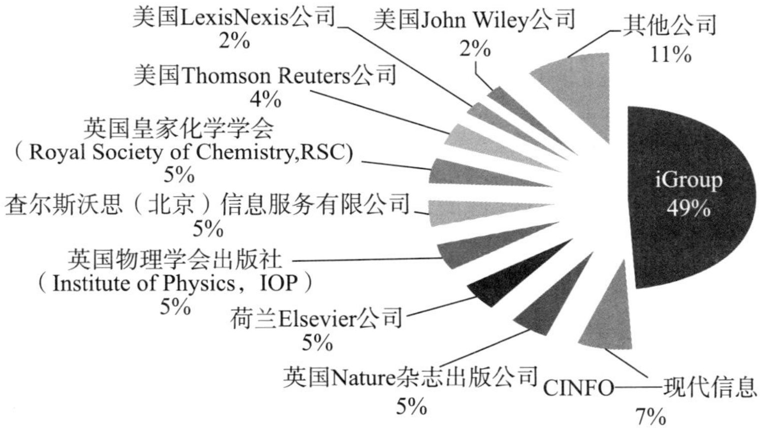

图 2　学科权威型数据库市场占有率分布图

在综合平台型数据库市场，内容和技术都是核心竞争要素。以内容为核心竞争力的数据商由于数据资源的垄断性，垄断经营特征较明显；以技术为核心竞争力的数据商由于受数据库、互联网市场竞争性特点的影响，会在一定程度上表现出竞争性市场特征；学科权威型数据库市场由于只受内容这样单一的核心竞争要素影响，而内容的权威性往往来自积淀，难以复制，因此具备寡头垄断的形成条件，造成如今的市场格局，见图 3。其中除检索平台型市场外，其他细分市场均不同程度地表现出垄断市场特征。

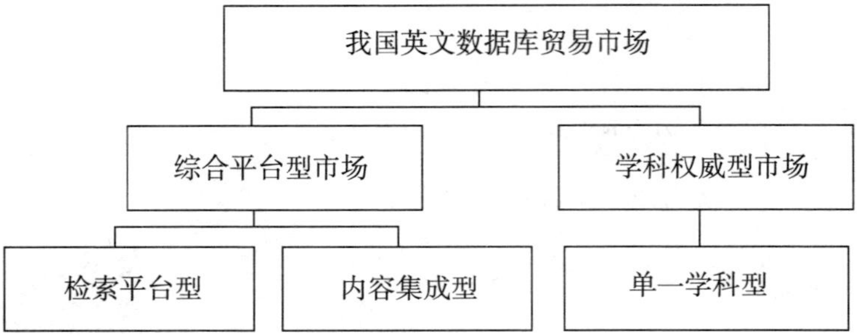

图 3　我国英文数据库贸易市场类型

2　以国际诉讼维护高校馆权益的可行性

在非“985 工程”高校中,综合性大学囿于经费和议价能力,一般重点采购内容较全的综合性检索平台;非综合性大学偏重于采购重点学科的数据库,这会提高综合平台型数据库和学科权威型数据库的订购频率。可以想见,在我国高校英文学术型数据库贸易市场,内容集成型的综合检索平台数据库和学科权威型数据库的垄断情况会比“985 工程”高校更显著,这也是高校馆成立 DRAA 来统筹数据库贸易的根源。

综上所述,可以认定我国学术型英文数据库贸易市场是垄断市场,部分数据商涉嫌垄断经营。高校馆属于事业单位财政管理体制,财务程序档案完备,有利于诉讼取证,因此具备国际诉讼的基本条件,但仍有一些问题需要图书馆界谋划解决。

首先,数据商所属国家多,国际诉讼复杂。由于国际反垄断法是在各国反垄断法基础上形成的国际经济法,因此需要联盟对国际诉讼的困难有足够的心理准备。

其次,国际数据商有可能以知识产权豁免、对外贸易豁免等作为辩驳垄断行为的依据。由于国际反垄断法的目的是保护市场竞争环境,其中对知识产权的豁免权有明确规定,因此需要联络国外高校馆,搜集国际数据商差别定价的证据,形成完整的证据链。

最后,国际诉讼手续烦琐,耗资大。DRAA 应申请专项经费支持诉讼工作。

事实上反垄断法对市场行为的态度极少有如同其他法律那样纯粹的禁止或者维护,而是采取了看效果的态度……(通过)规制或者控制某种行为,防止该种行为超出一定的限度[①],这意味着在反垄断法体系内,依靠诉讼方式可以控制垄断行为,但并不能杜绝垄断行为。因此,从长远看,图书馆仍需通过提升议价能力来扭转自己在数据资源贸易中的不利局面。

3 我国图书馆界的对策

面对国际数据商的市场战略,图书馆界须联合起来,以联盟形式改善数据库贸易的市场环境,缓解高校馆的两难处境。

---

① 刘宁元. 国际反垄断法[M]. 上海:上海人民出版社,2009:1.

3.1　瓦解共谋动机

目前还没有证据显示国际数据商在我国市场实施共谋,因此在定价谈判中可采取区别性激励措施,加强数据商之间的竞争,比如对率先与 DRAA 达成谅解备忘录的数据商给予非价格性激励(如长期合约、优先提供高校硕博论文等资源、用户培训、产品推广),激发数据商对定价权竞争的积极性。

3.2　明确谈判权益

对数据库贸易过程中图书馆的合理合法权益,要全力争取,明确底线,如数字资源长期保存权、电子资源不得与纸本资源捆绑销售、同一内容资源不能重复打包到不同的资源组合中,以及数据库的完整可用性。这些权益必须在谈判中明确,最终落实到合同中。一旦数据商触碰这些底线,要及时留存证据,做好诉讼准备。

3.3　发挥联盟优势

DRAA 成立后高校馆数据库贸易地位有所提升,发挥了联合采购优势。该模式应继续发挥作用,在数据商提出不合理要求时,重视联盟的领导力,避免受数据商的差别销售策略影响。

3.4 支持OA资源

OA资源的开放存取理念与图书馆精神吻合。随着互联网、大数据等的发展,OA将占据更重要的地位。图书馆应推动OA资源更广泛利用。当然,OA资源由于评价机制较弱,文献质量有待提升,需要图书馆作为知识管理机构加强对OA资源的评价管理,从OA资源的质量控制入手介入OA资源建设过程,从内容上弱化数据商垄断资源的不可替代性,建立具备内容竞争力的数据资源平台。

3.5 建设机构资源

机构知识库是组织内部知识管理的有效工具。机构知识库建设受限于组织边界,知识资源往往不够丰富,发展不顺利。随着社会发展和组织壁垒弱化,图书馆界可依托CALIS和DRAA等,推动更大范围内机构知识库的建设和使用,拓展知识资源,推动知识资源共享。

3.6 增强舆论优势

图书馆作为缩小数字鸿沟的中坚力量,在推动全社会免费使用数据资源上功不可没,但在宣传上陷于被动,使用户、拨款机构和社会对图书馆产生误解。高校馆应加强对所在学校、教育主管机构乃至整个社会的宣传,增强舆论优势,使用户理解、谅解图书馆,从而从社会心理上形成对数据商的道德优势,增加谈判自信。

4　结语

高校馆在英文学术型数据库贸易中陷入被动局面,关键原因固然是数据商涉嫌垄断经营,但深层次上是系统性问题。比如,我国评价体系过于偏重对发表论文的考察,为此划定期刊等级,使拥有这些期刊的数据商具备垄断条件;我国科研水平与发达国家存在差距,英文数据资源相比中文更具备话语权。只有统筹解决上述问题,才能剥离英文数据库的垄断特质,使其回归普通商品的本质属性,使英文学术型数据库市场向良性的自由竞争市场发展,从根本上改善高校馆在数据库贸易中的弱势地位。但这些问题的解决不仅需要高校馆界、全国图书馆界联合起来,更需要政府机构、社会团体、科研机构参与进来,深化科研体制改革,提高国家科技实力和国际话语权,到那时"程焕文之问"可能会迎刃而解。

(原载《图书馆论坛》2015 年第 9 期)

国外图书馆电子期刊采购困境及其应对实践*

鄢朝晖　赵艳枝
（湖南师范大学图书馆）

1　国外图书馆电子期刊采购困境

1.1　定期涨价加重图书馆的经费压力

国外各大图书馆电子期刊联盟采购模式基本属于大宗交易(big deal)[①]模式，该模式具有如下特点：图书馆以一种定价、一个通用资源包的形式购买电子期刊，要么全买，要么全不买；购买合同会延续数年，通常为5年，甚至更长时间；期刊初始均价

* 文系湖南省哲学社会科学基金项目“高校图书馆与公共图书馆合作开展公共文献服务的实践问题研究”(项目编号:12YBA22)研究成果之一。

① Frazier K. The Librarians' Dilemma: Contemplating the Costs of the "Big Deal" [J]. D-Lib Magazine, 2001, 7(3):1—9.

低,合同期内的每年都有一定的价格涨幅[①]。该模式的优点:保证数据商长期稳定的盈利;迅速增加图书馆的馆藏资源,降低期刊交易和管理的成本。缺点:定期涨价幅度较高;合同期限长;捆绑销售模式使得资源包中可删除期刊的比例较低。这些大宗交易固有的弊端日积月累,令图书馆苦不堪言[②]。

大宗交易初始价格一般较低,但其合同规定每年的交易价格有一定涨幅(通常为5%—15%)。比如,1999年以来Elsevier先后与美国图书馆界签订三轮为期5年的大宗交易合同,交易价格年涨幅分别为7%、5%—6%、5%[③]。定期涨幅保证了出版商收入的持续增长,但也造成期刊交易价格不断上涨,加之近年来西方经济不景气,很多图书馆的经费增长很少甚至被压缩。2006年美国三一大学图书馆订购期刊价格上涨8%,但总预算经费只上涨2%[④]。昆士兰理工大学图书馆2001—2008年资源采购预算仅增加35%,比大宗交易费用增加幅度低42%[⑤]。大宗交易费用的不断增长使国外各大图书馆不堪重负。

---

① Poynder R. The Big Deal:Not Price But Cost [J]. Information Today,2011,28(8):32—33.

② Robert W Boissy, Thomas N Taylor, Christine M Stamion, et al. Is the "Big Deal" Dying? [J]. Serials Review,2012 (1):36—45.

③ Ergstrom T C. Librarians and the Terrible Fix:Economics of the Big Deal [J]. Serials,2010,23 (2):77—82.

④ Trinity University [EB/OL]. [2013-05-16]. http://web.trinity.edu/about-us/fast-facts.

⑤ Cleary C. E. Why the "Big Deal" Continues to Persist [J]. The Serials Librarian, 2009 (4):364—379.

1.2 大宗交易资源包中部分期刊使用率低

大宗交易资源包中的期刊属于捆绑销售，尽管有的大宗交易合同允许图书馆根据需要进行少量剔除（一般为 1%，甚至更少），但基本属于“要么全买，要么全不买”的状态。图书馆没有对采购的具体期刊进行选择的权利。资源包中不乏使用率不高甚至没人使用的期刊。关于 Elsevier 电子期刊使用的一个大规模调查表明：53% 的用户只使用了资源包中 5% 的电子期刊，95% 的用户只使用了 53% 的电子期刊①。尽管如此，图书馆也不能剔除使用率低甚至无人问津的期刊，以达到缩小规模、节约经费的目的。

1.3 图书馆失去馆藏建设的主动权

大宗交易的合同期限一般为 5 年。合同周期长，虽然减少了不断进行交易谈判的麻烦，但图书馆失去了根据读者需求和经费变化对馆藏资源进行调整的自由和权益。为维持现有的大宗交易合同，图书馆有时不得不减少虽然重要但不是通过大宗交易订购的期刊资源。可以说，在大宗交易中，图书馆完全处于被动地位，处处被出版商牵着鼻子走，失去了馆藏建设的主动权。

---

① Ciber. E-journals: Their Use, Value and Impact: Final Report [EB/OL]. [2014 - 10 - 05]. http://www.ucl.ac.uk/infostudies/research/ciber/value/Ejournals-phase2.pdf.

1.4 图书馆失去经费的支配权

由于合同定价逐年上涨,大宗交易价格在图书馆期刊采购经费中占的比重越来越高。吉尔·泰勒·罗伊在2009年3—4月间对英国、澳大利亚、新西兰和欧洲大陆地区图书馆所做的调查表明,41%的受调查图书馆的大宗交易费用占据其期刊预算26%—50%,超过25%的图书馆的大宗交易费用为其期刊预算51%—75%,13%的图书馆大宗交易费用超过期刊预算75%[①]。在合同期内,图书馆不能通过调整交易规模来控制大宗交易费用,只能通过减少其他资源采购的开支来维系大宗交易合同,图书馆事实上失去了对期刊经费开支的控制权。

2 UO图书馆应对大宗交易困境的实践

美国俄勒冈大学(University of Oregon,简称UO)成立于1876年,2010—2011年度招生23 389人(其中研究生3 885名),是卡内基研究型高校联盟之一。2010年度UO图书馆共订购电子期刊74 487册,当年读者文献全文下载频次2 468 633篇次(上升),纸本文献借阅量361 809册次(下降)。UO图书

---

① Ciber. E-journals: Their Use, Value and Impact: Final Report [EB/OL]. [2014-10-05]. http://www.ucl.ac.uk/infostudies/research/ciber/value/Ejournals-phase2.pdf.

馆2010年资源购置经费预算为6 427 158美元，是美国大西部地区图书馆联盟和奥比斯级联盟（OSU）成员馆之一。2008—2009年受世界金融危机影响，UO图书馆经费削减10%，再加上通货膨胀的常年累积，俄勒冈州政府和UO要求UO图书馆在今后两年内削减经费120万美元。在多重经济压力下，UO图书馆不得不减少期刊订购的开支。经过对合同费用及资源包的规模、使用情况、学科范围、使用期限等因素的综合考虑，最后决定首先结束Elsevier和Wiley这两个开支最大的大宗交易合同①。

从2010年开始，UO图书馆结束了与Wiley签订的大宗交易合同。在对资源包中期刊的历年使用数据进行分析和对相关学科研究人员进行调研和访谈的基础之上，最终选购278种期刊，价格353 513美元，相较原来的大宗交易合同，新资源包减少96种刊（学术团队认为其使用成本比较高），支出减少166 103美元。从2011年开始，UO图书馆开始以按篇付费（pay-per-view，简称PPV）的方式订阅Elsevier期刊论文（对教职工施行的是无中介PPV模式，即教职工使用代金券自行在数据库中下载文章；对学生施行的是有中介的PPV模式，即由图书馆员根据学生的需求下载文章后再发给学生）。2010年UO图书馆的Elsevier大宗交易合同费用为409 566美元；2011年采用新的采购模式后，降至361 689美元，比2010年减少11%。

新的订购合同达到减少支出的目的，且签订新合同后两年

---

① Nabe J, Fowler D C. Leaving the "Big Deal": Consequences and Next Steps [J]. The Serials Librarian, 2012, 62 (1—4): 59—72.

间没有收到任何来自教师或学生的抱怨。但终止与 Wiley 大宗交易后,UO 图书馆失去了 96 种期刊的检索权;同时,作为 OSU 联盟成员之一,UO 图书馆的退出使得俄亥俄州立大学和俄克拉荷马州立大学不得不重新谈判与 Wiley 的大宗交易合同,增加了分摊费用,同时增加了大量工作;在新交易模式实施两年后,UO 图书馆馆际互借量增加 47%,需要投入大量的人力物力应对剧增的馆际互借。因此 Thornton-Verma H. 指出①,预计 UO 图书馆花在 Elsevier 期刊上的钱到 2016 年就会恢复到 2009 年的水平,届时将不得不再次通过减少期刊采购的种类来减少经费。UO 图书馆退出大宗交易既没省多少钱,还失去了大量期刊资源的检索权利。

3　SIUC 图书馆应对大宗交易困境的实践

美国南伊利诺大学卡本代尔分校(Southern Illinois University Carbondale,简称 SIUC)是卡内基研究型高校联盟的成员之一,是伊利诺斯州南部大学系统的一部分,设有 32 个博士点和 75 个主要研究型项目,在校生超过 2 万人。SIUC 图书馆是研究型图书馆,拥有书刊 280 万册,每年经费预算为 530 万美元。

① Thornton-Verma H. No Big Deal:Three Libraries Survive Cuts to Serials Access [EB/OL]. [2014 - 01 - 05]. http:// reviews. libraryjournal. com/. 2012/06/ala/no-big-deal-three-libraries-survive-cuts-to-serials-access-ala-annual-2012/.

2009—2011 年，受世界经济危机等影响，SIUC 图书馆的期刊订购经费一再压缩，终止了与 Springer、Wiley 和 Elsevier 的大宗交易合同（其中与 Springer 和 Wiley 的大宗交易合同是通过西方图书馆联盟（GWLA）签订，与 Elsevier 的大宗交易合同涉及南伊利诺大学爱德华兹维尔校区（SIUE））。

2011 年 SIUC 图书馆采取按品种采购模式订购 Springer、Wiley 和 Elsevier 的期刊，新订购期刊是根据对研究人员的问卷调查结果和 Web of Science、Scopus 中的引文数据产生，每年至少减少 30 万美元开支，但也产生其他后果：退出大宗交易后，分别失去 Springer、Wiley 和 Elsevier 110 种、597 种、242 种期刊的使用权；新合同中未续订的 Wiley 期刊中有 27% 的文献至少被申请馆际互借一次，9% 的文献超过一次；未续订的 Elsevier 期刊中 38% 的文献至少被申请馆际互借一次，20% 的文献超过一次；新的交易合同实施后，图书馆收到不止一次投诉和各种各样的抱怨，有的读者甚至混淆订阅期刊和非订阅期刊，图书馆需要做很多解释工作。

4 UO 图书馆与 SIUC 图书馆实践的对比分析

UO 和 SIUC 都是美国一流大学，其面临的电子期刊采购困境是国外图书馆界的典型代表。为克服困境，均终止了大宗交易合同；经过对相关研究人员进行问卷调查、现场访谈，并结合对期刊资源包的价格、规模及期刊影响力的分析，最终决定采用新的期刊采购方案，其中 UO 图书馆采用按篇付费方式采购

Elsevier 期刊、按品种采购 Wiley 期刊,SIUC 则按品种采购 Springer、Wiley、Elsevier 的期刊等。新方案实施两年后,UO 图书馆和 SIUC 图书馆分别对其实施成效进行总结和评价,结果显示,新采购方案的好处有:减少了电子期刊采购费用,使图书馆经费紧张的局面得到缓解;图书馆重新掌握了馆藏建设的控制权,可以根据该馆实际需要选择资源;图书馆重新获得经费控制权,避免了因大宗交易合同持续时间长而不能按照需要动态调整经费开支的局面。但与此同时,也产生了一系列其他影响:

(1)读者失去了对大量期刊的检索权,新方案资源范围有限,造成读者需求无法完全被满足;新服务模式施行后,可能会有很多来自读者的抱怨,从而影响图书馆的服务质量和形象。

(2)退出大宗交易后,为满足读者需要,文献传递等工作量增加,进而需要图书馆增加相应的人力、物力成本,这可能导致新采购方案的成本比原来的大宗交易成本还高。

(3)联盟成员馆之间的合作问题:联盟中,一个图书馆退出大宗交易后,不仅其自身会失去联盟资源共享的权利,也会造成其他成员馆分摊费用的增加。但如果联盟整体退出大宗交易,又会由于各馆购买的资源、提供文献传递的成本以及对文献传递的需求各不相同,而给新的订购方案的施行增加难度,具体见表 1。

表1 UO 图书馆与 SIUC 图书馆应对大宗交易困境的策略及影响对比

<table>
<tr><td colspan="2"></td><td colspan="2">UO 图书馆</td><td>SIUC 图书馆</td></tr>
<tr><td colspan="2">背景</td><td colspan="2">经费削减 10%，两年内再削减 120 万美元</td><td>世界经济危机、期刊订购经费被一再压缩</td></tr>
<tr><td colspan="2">大宗交易资源</td><td>Elsevier</td><td>Wiley</td><td>Springer、Wiley、Elsevier</td></tr>
<tr><td rowspan="2">新采购方案</td><td>采购模式</td><td>按篇付费（PPV）</td><td>按品种采购</td><td>按品种采购</td></tr>
<tr><td>选刊依据</td><td>按需订阅；无中介 PPV（教职工）；有中介 PPV（学生）</td><td>历年下载频次，对研究人员进行访谈/调研</td><td>通过问卷调查征求研究人员的意见，通过引文数据进行期刊影响力调查</td></tr>
<tr><td rowspan="4">正面影响</td><td>支出减少</td><td colspan="2">减少支出 21.398 万美元</td><td>减少支出 30 万美元</td></tr>
<tr><td>用户反映</td><td colspan="2">2 年内未收到投诉和抱怨</td><td></td></tr>
<tr><td>资源使用</td><td colspan="3">按需采购，避免部分期刊使用率低</td></tr>
<tr><td>馆藏建设</td><td colspan="3">合同周期 1 年，可根据需要调整采购期刊</td></tr>
<tr><td rowspan="2">负面影响</td><td>资源影响</td><td colspan="2">失去 96 种（Wiley）期刊的检索权</td><td>分别失去 110 种（Springer）、597 种（Wiley）和 242 种（Elsevier）期刊的使用权</td></tr>
<tr><td>行业内影响</td><td colspan="2">因为增加其他成员馆的分摊费用和工作量，收到来自其他联盟成员馆的抱怨和非议</td><td></td></tr>
</table>

续表

<table>
<tr><th colspan="2"></th><th>UO 图书馆</th><th>SIUC 图书馆</th></tr>
<tr><td rowspan="2">负面影响</td><td>工作量影响</td><td>2 年内馆际互借量较新方案实施前增加 47%</td><td>未续订的 Wiley 期刊中 27% 的文献至少被申请馆际互借一次,9% 的文献超过一次;未续订的 Elsevier 期刊中 38% 的文献至少被申请馆际互借一次,20% 的文献超过一次</td></tr>
<tr><td>用户满意情况度影响</td><td></td><td>收到不只一次读者投诉和各种抱怨</td></tr>
</table>

5 思考

我国图书馆界对数据商怨声载道。2014 年 1 月 3 日,程焕文发表《十问数据商!!!》博文,对数据商的定价策略、销售行为等提出质疑。CALIS 管理中心引进资源工作组表示:“承认 ScienceDirect数据库对中国教育科研的提升起到了很好的作用,但对 15% 的年涨幅无法接受,对目前的订购方案不推荐、不认可、不签字"[1]。2014年年底,我国高校图书馆界发起联合抵制英国皇家化学学会数据库的行动。但为继续满足读者需求,在支付能力和读者需求之间找出实现平衡的方法,我国可以从国外图书馆应对大宗交易危机的策略中吸取经验教训,以资借鉴。

5.1 全面评估退出大宗交易的成本

UO图书馆与SIUC图书馆的实践表明,退出大宗交易虽然可以给图书馆带来诸多好处,但也会产生一系列问题,因此,在做出决策前,图书馆需要对退出大宗交易前后的文献使用成本进行估算,可从三方面着手:首先,要对大宗交易合同的费用和资源的使用情况进行分析,找出大宗交易资源中哪些是读者最需要或使用率最高的资源,哪些是对读者最有价值的资源,哪些是读者根本不需要或使用率最低的资源,进而对资源及经费的使用效率进行比较;其次,设计代替大宗交易的新的资源采购模式,对新采购模式的成本进行估算,包括基础设施成本、管理系统构建成本、人力资源成本及文献传递等工作的成本;最后,对退出大宗交易后可能会造成的读者的消极反应进行评估,面对读者的抱怨,图书馆需要花费在解释、引导等工作上的人力、物力成本等。根据成本估算的结果,用量化的指标来回答是否退出、什么时候退出、怎么退出等问题。

---

① 黄如花,张静. Elsevier收录期刊可开放存取情况的调查与分析[J]. 中国图书馆学报,2009,35 (3): 35—42.

5.2　利用联盟力量增加谈判的话语权

在与处于垄断地位的数据商进行谈判时,单馆的力量薄弱,最好利用联盟的力量,集体做出"是否退出"和"如何退出"大宗交易的决策,并组成谈判项目组,提高谈判的话语权和谈判实力。一方面,如决定集体退出大宗交易,可由联盟组织出面与数据商谈判,谈判内容包括:①设立合理的退出大宗交易条款,以维护退出交易后图书馆的合法权益;②利用联盟议价优势谈判新的联盟采购方案,为节约经费,各馆可以订购较小规模的资源包,在联盟内部以较低成本进行文献传递以满足读者需求。另一方面,即使现阶段无法做出集体退出大宗交易的决策,图书馆联盟组织也可以争取与数据商重新谈判大宗交易的条件,如减少合同价格的涨幅、增加大宗交易资源包中可剔除期刊的比例以及若将来退出大宗交易,图书馆有权继续使用已订购年份的数据。

5.3　探索读者决策采购新模式

程焕文指出:全文数据库的使用基本上符合二八率,即一个数据库的资源通常只有20%被用户使用,另外80%的资源未被使用,而大宗交易合同要求图书馆"要么全买,要么全不买"[①]。

---

① 程焕文,黄梦琪.在"纸张崇拜"与"数字拥戴"之间——高校图书馆信息资源建设的困境与出路[J].图书馆论坛,2015(4):1—8.

为应对这种困境,可探讨新模式,根据读者需要进行期刊资源采购,如 UO 图书馆与 SIUC 图书馆就分别采用按篇付费和按品种采购的方式来代替大宗交易模式。这两种期刊采购模式都可以在一定程度上缓解图书馆的经费压力,同时可以使图书馆重新获得馆藏建设和经费控制的主动权,但也可能会出现一些问题:采用按篇付费模式采购期刊时,图书馆及其读者对下载的论文没有永久的使用权,且单篇论文价格昂贵;按品种采购期刊时,由于大幅度减少期刊品种,因此不能享受大宗交易折扣价格,能够节约的经费有限。此外,还可以按学科/主题等方式采购期刊资源。每种采购方式都各有利弊,图书馆须根据自己的特色和需要选择适合的资源采购模式,以达到既使得采购经费许可,又可最大限度减少因退出大宗交易而带来的资源损失的目的。

5.4 共同抵制

图书馆遭遇的电子期刊采购困境实际上是学术交流困境,最直接的受害者是图书馆的读者,主要是广大的科研人员。2012 年英国皇家学会院士、著名数学家威廉·提摩西·高尔斯(William Timothy Gowers)曾联合剑桥大学出版社发起抵制 Elsevier Group 的“学术之春”运动[①]。高尔斯曾发表博文列数 Elsevier Group 的“罪状”,包括利用商业捆绑手段向图书馆出售期刊数字订阅权和肆意提高订阅费用,他表示不会在该集团的

① 刘丹妮,郑证. 爱思唯尔遭 12000 余名学者抵制[N/OL]. [2015-03-03]. http://www.csstoday.net/Item/16901.aspx.

出版物上发表文章,并拒绝担任外审专家和编辑。该博文引起学术界高度关注,半年内就有超过1.2万名学者表示支持该抵制运动。此外,学术界和出版界针对商业出版缩紧学术传播渠道等行为展开了广泛的讨论。可见,学术界的抵制更直接更有影响力。因此,图书馆应该联合学术界,共同抑制数据商的不良行为。不仅如此,UO图书馆与SIUC图书馆的实践表明,图书馆还可以吸收研究人员参与到新的期刊订购决策以及与数据商的谈判中来。

5.5　加强协商,构建合作共赢新机制

虽然国内外图书馆纷纷表示对电子期刊的高额年涨幅无法接受,但不得不承认,数据商的大宗交易采购模式为图书馆资源建设做出了巨大贡献,对教育科研的提升起到了很好的作用。因此,笔者认为,谴责和抵制是手段,而不是目的,最终目的依然是合作共赢。双方的合作可以从两方面探索,一方面图书馆与数据商进行多方协商,不断优化大宗交易合同,包括要求数据商每年定时向图书馆提供详细的年度用户使用报告;另一方面,构建与数据商的长效合作机制,包括与数据商合作进行学科资源的整合,合作开展已购数字资源的增值服务,由数据商对学科馆员和读者进行资源培训。

(原载《图书馆论坛》2015年第11期)

加拿大萨斯喀彻温省大学图书馆拆分美国化学学会(ACS)大宗交易资源包的方案述评

赵艳枝(湖南师范大学图书馆)

引言

美国化学学会(American Chemical Social,简称ACS)目前出版的学术期刊共46种,涉及有机化学、分析化学、材料学、食品科学等化学领域①。ACS期刊的学术品质及行业影响力极高,受到广大研究人员的青睐。截至2015年1月,我国有116家机构参与ACS数据库的联盟采购②。ACS采取大宗交易(big

① ACS Publications. About ACS journals [EB/OL]. [2015-10-21]. http://pubs.acs.org/.

② DRAA高校图书馆数字资源采购联盟. iGroup中国[2014]ACS数据库(百科)数据库订购[EB/OL]. [2015-10-01]. http://www.libconsortia.edu.cn/Acquisition/viewAcqinfo.action? id=6f808527-6ae4-4f67-8da4-05aeb9d7b930&rd=0.12132717664178172.

deal)[①]模式进行销售,即 ACS 将旗下期刊捆绑在一起,以一种定价、一个通用资源包的形式进行交易,图书馆要么全买,要么全不买;购买合同一般为 5 年;合同期内,资源包的订购价格每年有 5%—15% 的涨幅。刚开始时图书馆用较低的价格采购 ACS 资源包,丰富了化学学科资源,满足了研究人员的需要。随着采购合同周期延续,ACS 资源包价格逐年增长,加之近年欧美经济不景气,很多国外高校馆经费停止增长或被削减,资源采购经费捉襟见肘,因此部分高校馆终止 ACS 等出版商的大宗交易合同[②]。本文通过对加拿大萨斯喀彻温省大学(University of Saskatchewan)(以下简称"萨省大学")图书馆为缓解经费困境,应用布拉德福定律拆分 ACS 大宗交易资源包进而革新 ACS 数据库采购模式的成功实践进行详细分析,为我国图书馆应对电子期刊数据库大宗交易经费困境提供借鉴。

1　应用布拉德福定律拆分 ACS 大宗交易资源包的方案介绍

1.1　背景

萨省大学图书馆 2009 年通过加拿大国家采购联盟,即加拿

---

① Frazier K. The Librarians' Dilemma: Contemplating the Costs of the 'Big Deal' [J]. D-Lib Magazine, 2001, 7(3): 1—9.

② Boissy Robert W, et, al. Is the "Big Deal" Dying? [J]. Serials Review, 2012 (1):36—45.

大研究知识网络(Canadian Research Knowledge Network,简称CRKN),以大宗交易形式订购 ACS 电子期刊资源包[①]。近来电子期刊价格大幅上涨,各高校馆因资源订购经费有所下降,于是压力倍增。2012 年年末 CRKN 与 ACS 进行降低合同价格谈判,但最终失败,各高校馆不得不单独与 ACS 谈判。

1.2 目标

萨省大学负担不起 ACS 大宗交易资源包的采购费用,但ACS 期刊资源对化学研究人员来说非常重要。为此,图书馆决定拆分资源包,寻求最重要的 ACS 期刊订阅列表,于是选刊依据成为图书馆面临的关键问题。

1.3 方法

萨省大学图书馆基于三方面的统计数据对 ACS 期刊进行评价:①使用统计数据:最近 3 年(2011—2013)的使用量数据,即期刊平均每年的全文下载量,使用率越高的期刊,不可或缺性越高;②引文分析数据:最近 3 年(2011—2013)的引文分析数据,即期刊平均每年的被引频次,指 ACS 期刊被 Scopus 和 Web of Science(WoS)收录的情况和被引用的次数;③用户反馈数据:指通过问卷调查及访谈等方式就 ACS 每种期刊的重要性或有用程度对校内用户进行调查。

---

① University of Saskatchewan[EB/OL].[2015 - 11 - 11].http://www.usask.ca/.

每种统计数据的结果再按照布拉德福定律进行分区,即将ACS期刊根据3种数据来源,按统计结果从多到少以递减顺序依次排列,再把期刊分为统计数据大致相等的3个区域,第一个1/3区命名为必要区(essential),第二个1/3区命名为最好保留区(good to have),第三个1/3区命名为可删除区(unnecessary)。最后对3种数据源分别计算出的必要区和最好保留区的期刊进行整合、去重,得出新的期刊订购列表。

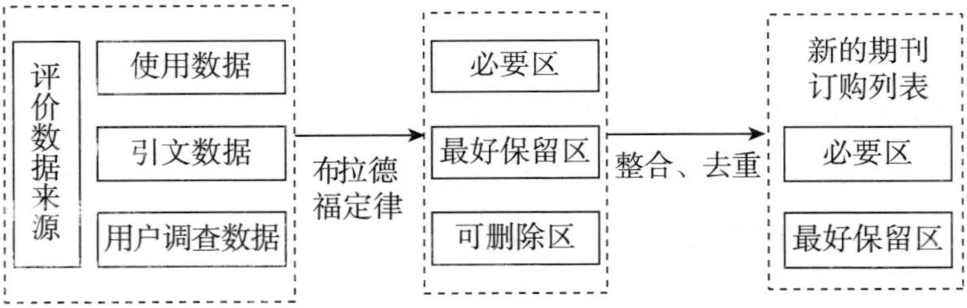

图1　应用布拉德福定律进行期刊选择的方法

1.4　结果

1.4.1　使用数据

将ACS资源包中所有期刊按近三年使用量(期刊的全文下载量)从多到少依次排列,再按使用量分为3个区域,依次为必要区、最好保留区、可删除区,3个区域期刊的全文下载量大致相同。结果显示必要区有3种期刊,最好保留区有9种期刊。

1.4.2 引文分析数据

包括两方面的数据源:ACS 期刊被 Scopus 和 WoS 收录的数据及 ACS 期刊被 Scopus 和 WoS 引用的数据。2011—2013 年,ACS 期刊资源包中有 15 种期刊被 Scopus 和 WoS 收录,将 15 种期刊按被收录的文章数从高到低排列,按布拉德福定律分区。结果显示必要区期刊有 4 种,最好保留区期刊有 6 种。

Scopus 和 WoS 2011—2013 年间收录的 185 篇文献共有参考文献 6733 篇,将之按被引频次从高至低排序,按布拉德福定律将其分成 3 个区,必要区有 26 种期刊,其中 10 种期刊来自 ACS 数据库。去重之后,得到 9 种期刊,最好保留区得 14 种期刊。

1.4.3 用户调查数据

图书馆开发在线调查系统,要求受调查者对 ACS 期刊按有用程度进行评价、分类和排序。通过电子邮件等向化学专业师生发送调查网站链接,在线调查持续开放 3 周,每周发送一次提醒。结果 130 位被邀请参与调查的人员中,48 人认真填写问卷(应答率为 36.9%),其中教师 12 人(邀请 18 人)、研究生 36 人(邀请 80 人)。

1.4.4 新的期刊订购列表

对使用数据、引文分析数据及用户调查数据进行统计分析,对统计结果进行归纳总结,去重后得到必要区期刊 12 种、最好保留区期刊 10 种。相对 ACS 大宗交易资源包,按照调查数据结果,有 20 多种期刊被排除。根据调查计划,将去重后所得 22 种 ACS 期刊制订为新的期刊订购列表,见表 1、表 2。

表 1　3 种数据源统计结果

<table>
<tr><td rowspan="2">数据来源</td><td rowspan="2">使用统计（近三年）</td><td colspan="2">引文分析（近三年）</td><td rowspan="2">用户反馈</td><td rowspan="2">去重后</td></tr>
<tr><td>被收录</td><td>被引用</td></tr>
<tr><td>必要区期刊数</td><td>3</td><td>4</td><td>9</td><td>8</td><td>12</td></tr>
<tr><td>最好保留区期刊数</td><td>9</td><td>6</td><td>14</td><td>10</td><td>10</td></tr>
</table>

表 2　新的订购期刊订购列表

<table>
<tr><td>区域</td><td>期刊</td></tr>
<tr><td>必要区期刊(12 种)</td><td>Journal of the American Chemical Society
Chemical Reviews
The Journal of Organic Chemistry
The Journal of Physical Chemistry A
The Journal of Physical Chemistry B
The Journal of Physical Chemistry C
Inorganic Chemistry
Organic Letters
Journal of Agricultural and Food Chemistry
Environmental Science & Technology
Langmuir
Organometallics</td></tr>
</table>

续表

区域	期刊
最好保留区期刊(10 种)	Analytical Chemistry Journal of Physical Chemistry Letters Biochemistry Journal of Medicinal Chemistry Chemistry of Materials Nano Letters ACS Nano Macromolecules Accounts of Chemical Research Journal of Chemical Education

2 方案讨论与评价

ACS 期刊对萨省大学化学研究人员的科研及教学非常重要,取消一大半期刊的订购非常艰难。因此,项目团队考虑期刊评价的各个方面,从多角度进行数据分析,最终选择 22 种期刊。图书馆负责此项目的学科馆员 Diane Dawson 表示①,数据来源的多样化让自己对新的采购方案充满信心,也更容易说服 ACS

① Dawson Diane. Unbundling a Big Deal: Comparing Three Data Sources to Come to Decisions[EB/OL]. [2015-03-21]. http://ecommons.usask.ca/bitstream/handle/10388/6289/DawsonALA2014.pdf? sequence=1.

期刊的使用者。从图书馆经费方面看,相对于原来的采购方案,减少一大半期刊的订购可以为萨省大学图书馆节省一笔可观的经费,在对读者影响最小的基础之上减少了经费开支。

新的采购方案也存在局限,主要体现在:①Bradford 提出布拉德福定律时,是按文章数量对期刊进行分区评价,而萨省大学是通过使用量、引文数据等对期刊进行分区,其适用性有待考量;②ACS 的四十多种期刊中不乏涉及交叉学科的期刊,如 *The Journal of Physical Chemistry*(*A*,*B* 和 *C*)3 种期刊,其用户群体不局限于化学领域。萨省大学图书馆收集用户调查数据时,只针对化学领域的研究人员,可能会导致调查结果出现偏差;③受邀请的 130 位研究人员中,只有 48 人(36.9%)认真填写调查问卷,反馈率低,可能会影响数据的代表性;④萨省大学图书馆在做使用数据和引文数据分析时,只调查最近三年(2011—2013)的数据(平均每年的全文下载量),有一定代表性,但不一定能准确说明期刊的使用率和被引情况,且期刊的年度使用数据报告由 ACS 数据商提供,不排除数据商为了自身利益而伪造数据的可能性,因此数据的准确性有待考量。

3　思考与借鉴

我国图书馆界对外文期刊数据库的集团采购基本属于大宗交易模式。近年我国经济增速呈现下降趋势,图书馆经费高速增长的景象很难再现。上海图书馆馆长吴建中指出:“高增长的时代已经过去,我们必须适应如何在低增长或者零增长的环境中过紧日子。”[①]但是数据商却连年大幅度涨价。比如，中山大学 2015 年订购 RSC 的年费为 46 500 英镑，比 2014 年增长 500%，其他图书馆的涨幅为 300%[②]。于是产生一系列停止购买数据库和抵制数据商的行动。中国 CALIS 管理中心引进资源工作组表示："承认 ScienceDireet 数据库对中国教育科研的提升起到了很好的作用，但是对 15% 的年涨幅无法接受，对目前的订购方案不推荐、不认可、不签字。"[③]华南师范大学等高校停止对 ACS 数据库的订购[④]；2014 年年底我国高校图书馆界发起联合抵制英国皇家化学学会（RSC）数据库的行动；2016 年 3 月 30 日北京大学图书馆发布中国知网可能中断服务的通知[⑤]。面临电子期刊数据库大宗交易困境，可以从萨省大学图书馆的实践得到启示。

3.1　积极谈判，争取更多权益

对电子期刊数据库交易，一直存在质疑：①全文数据库的使用基本上符合二八率，多数期刊数据库资源只有 20% 被用户使

---

① 吴建中. 新常态　新指标　新风向[EB/OL].[2015－09－05]. http://www.npopss-cn.gov.cn/n/2013/0107/c219470-20114639.html.

② 程焕文. 全国高校图书馆联合抵制英国皇家化学学会数据库[EB/OL].[2016－03－26]. http://blog.sina.com.cn/s/blog_4978019f0102ve4r.html.

③ 黄如花，张静. Elsevier 收录期刊可开放存取情况的调查与分析[J]. 中国图书馆学报，2009，35(3)：35—42.

④ 华南师范大学图书馆. 馆藏数字资源介绍[EB/OL].[2015－09－20]. http://lib.scnu.edu.cn/dzzy2/dzzy_mess.asp? id＝477.

⑤ 北京大学图书馆."中国知网"可能中断服务通知[EB/OL].[2016－04－05]. http://www.lib.pku.edu.cn/portal/news/0000001219? from＝timeline&isappinstalled＝0.

用,另外80%未被使用,但大宗交易合同要求图书馆全部买单;②图书馆在购买数据库的使用权后,如果因无力继续购买该数据库,图书馆将不能拥有已经购买使用权年限的数据库的永久使用权;③数据商拒绝向图书馆提供详细的用户使用报告;④部分已经实现开放获取的期刊依然存在大宗交易资源包中,进行捆绑销售,如ACS第一本全OA跨学科期刊*ACS Central Science*。因此,我国高校馆应学习CRKN及萨省大学图书馆的魄力,以联盟形式或单独与ACS等数据商进行谈判,争取应有权益。谈判内容应侧重五方面:①减少合同价格的每年涨幅;②增加资源包中可剔除期刊的比例;③如将来退出大宗交易,图书馆有权继续使用已订购年份的数据等;④OA期刊应从大宗交易资源包中剔除,减少合同价格;⑤数据商至少应每年向图书馆提供详细的用户使用报告。

3.2　多方调研,用全面的数据决定资源的取舍

ACS数据库因其收录期刊的权威性,受到我国科研人员的青睐,停止订购势必对科研工作产生影响。萨省大学图书馆的实践表明,有全面的数据分析做支撑,才更有说服力。因此,要从图书馆经费、期刊利用情况、读者主观认知及期刊影响力等方面进行综合考量。首先,要对期刊数据库订购的费用和使用情况进行分析,找出哪些是读者最需要和使用率最高的资源或哪些是对读者最有价值的资源,哪些是读者根本不需要或使用率最低的资源,进而对经费的使用效率进行评估;其次,充分考虑用户(尤其是高级研究人员)的意见,大多数用户认为有用的资

源不能轻易取消订购;最后,期刊影响力也是举足轻重的指标,影响因子高的期刊应适当保留。只有在综合考虑这些数据的基础之上做出资源取舍,才更可能得到用户的理解和支持。

3.3 勇于尝试,革新现有资源采购模式

多年来大宗交易以合适的价格、丰富的资源和高品质的服务受到广泛欢迎,但随着合同的延续、行业形势的变化,大宗交易越来越不能适应图书馆界的需要。我国高校馆可以效仿萨省大学图书馆,尝试新的资源采购模式——按品种采购。其优点在于所选择的期刊都是读者使用率较高的,不会出现资源闲置和经费浪费情况;缺点在于由于大幅减少期刊品种,因此不能享受大宗交易的折扣价格,能够节约的经费有限。对 ACS 数据库来说,除按品种采购外,还可以采用按篇付费方式采购[①]。对综合学术数据库,还可以按学科、主题等方式进行选购,使图书馆的馆藏更具个性化。同时,馆际互借是图书馆普遍使用的共享资源方式,在大宗交易不能满足读者需求时,这种方式将发挥更大的作用,更适合在图书馆联盟中作为文献补充获取方式使用。图书馆可以根据自身的经费情况和用户需求选择合适的采购模式,以克服大宗交易模式的困境。

---

① 王春生. 国外图书馆应对大宗交易困境的措施[J]. 图书馆杂志,2014,33(8):90—94.

3.4 开放获取,倡导新的学术信息交流模式

萨省大学图书馆按品种采购 ACS 电子期刊资源,暂时缓解了困境。与此同时,国外图书馆革新大宗交易模式的实践中也不乏失败的案例。2010 年俄勒冈大学图书馆以按品种选购方式订购 Wiley 数据库的 278 种期刊,较原来大宗交易合同减少 96 种刊,节约 166 103 美元①,但出版商提高单刊的初始采购价格,并逐年上涨。Thornton-Verma H. 指出②,预计俄勒冈大学图书馆花在 Wiley 期刊上的钱到 2016 年就会恢复到 2009 年的水平,到时候将不得不再次通过减少期刊种类来节约经费。可见俄勒冈大学图书馆退出大宗交易既未省多少钱,还失去了大量期刊资源的检索权利。笔者认为,图书馆一味地通过减少资源来控制经费并不是长久之计。要想从根本上解决图书馆经费困境,须彻底革新学术交流模式,提倡开放获取。现有学术信息交流模式是学者创造科研成果→数据商出版学术期刊发表学术成果→图书馆采购学术期刊→学者利用学术期刊创造新的学术成果。在这种模式下,数据商控制学术期刊出版这个学术信息交流的关键环节,垄断了学者发表学术成果的渠道和获取学术信息的源头,致使学者和图书馆处于被动地位。开放存取 OA 的

---

① Nabe J, Fowler D C. Leaving the "Big Deal": Consequences and Next Steps [J]. The Serials Librarian, 2012, 62(1—4): 59—72.

② Thornton-Verma H. No Big Deal: Three Libraries Survive Cuts to Serials Access [OL]. [2014 - 01 - 05]. http://reviews. libraryjournal. com/2012/06/ala/no-big-deal-three-libraries-survive-cuts-to-serials-access-ala-annual-2012/.

模式是:学者创造科研成果→存储于学科知识库→学者免费利用学术期刊创造新的学术成果,该模式在一定程度上打破了现有格局,缓解了图书馆采购数据库的压力,在一定程度上消除数据商对学术信息交流过程的控制[①]。开放获取是未来学术资源交流模式发展的必然趋势,一些出版集团已经意识到这一点,如斯普林格自然集团于 2016 年 3 月 30 日宣布免费共享所有期刊论文[②]。但开放获取在实现和普及的过程中存在科研成果评价等储多障碍,图书馆界可以从以下几个方面着手:①对 OA 政策和使用方法进行宣传;②建立机构知识库或学科知识库等逐步推行知识的开放存取;③自行成立出版机构,鼓励本校教师科研成果的出版、传播和共享;④作为机构会员参与 OA 出版社。

4 结语

在促进科技知识的传播和交流上,学术界、出版界和图书馆界有着共同的社会责任,应建立互信和可持续发展的合作机制。数据商捆绑销售方式造成图书馆外文科技期刊订购费用的迅速膨胀,图书馆不得不采取措施应对这一困境。萨省大学科学学科馆员 Diane Dawson 2014 年 6 月 29 日在亚拉巴马州年会上,就其基于布拉德福定律订购 ACS 期刊的实践做了大会交流(本

① American Library Association. Library Bill of Rights [J]. Indiana Libraries, 2013, 32(1): 64.

② 魏凯. 施普林格自然集团宣布免费共享所有期刊论文[EB/OL]. [2016-04-05]. http://www.jianshu.com/p/8c19cfae0e44.

文所用案例资料来自 Diane Dawson 的会议交流报告),引起强烈的共鸣和反响,其成功的实践告诉我们:克服数字资源大宗交易困境须积极与数据商进行谈判和交涉,争取更多的合法权益;要多方调研,用全面的数据来决定资源的取舍;要勇于尝试,革新现有资源采购模式,实现经费使用效益最大化;提倡开放获取,彻底革新现有学术信息交流模式。

(原载《图书馆论坛》2016 年第 5 期)

法学界的讨论

从合理使用制度到法定许可制度

——制衡数据商滥用版权的立法思路

孙开元(新乡学院政法系)

图书馆为公众在版权扩张的法律环境中自由获取知识和利用信息保留了难得的空间。然而在数据商滥用版权的背景下,图书馆保存与拓展这种空间力不从心①。私法是规制数据商滥用版权的重要法律选择,其中版权法的地位不可动摇。通过完善版权制度来消弭数据商对版权的滥用,既符合《与贸易有关的知识产权协议》(TRIPs 协议)等国际条约对版权的定位,又与我国私权行使的民法原则要求一致,还能避免反垄断法等公法与私法的冲突和矛盾,所以更具合理性、可行性。合理使用制度被认为是最重要的版权利益平衡因素,是对版权的"绝对限制"。但是,面对规制数据商滥用版权的实践需要,合理使用制度屡现尴尬。与此形成对比,尽管对法定许可制度有着"扩大

① 程焕文,黄梦琪. 在"纸张崇拜"与"数字拥戴"之间——高校图书馆信息资源建设的困境与出路[J]. 图书馆论坛,2015(4):1—8.

李明理. "程焕文之问"的数据库垄断观解读[J]. 图书馆论坛,2015(3):1—8.

与缩小”“存在与废除”的学术争论,但不可否认的是,许多国家的版权法已经出现了将传统的合理使用的某些类型转化为法定许可,拓宽法定许可适用范围,用法定许可替代合理使用的新动向①。韩国、日本、新西兰等国家的版权法针对图书馆设置有专门的法定许可制度,目的是制衡版权,提高授权效率,保障权利人利益,关照公众诉求。鉴于法定许可制度蕴含的“平衡基因”和体现出的反版权垄断的独特优势,其消弭数据商滥用版权的价值受到重视与挖掘。在我国建立图书馆法定许可制度,既要分析立法的依据和法理性,又要对制度架构与内容做出科学的设计和安排。

1 合理使用制度抗衡数据商滥用版权的不足

1.1 合理使用法律性质的定位不利于对抗滥用版权

对合理使用的法律性质问题,至少存在“权利限制”“侵权阻却”“使用者权利”等不同的理论。“权利限制说”受到学术界普遍认同,并被许多国际条约、国内立法肯定。“侵权阻却说”的不足在于对合理使用的“合法性”视而不见,既然是合法使用,就无所谓“侵权”与“侵权阻却”。“使用者权利说”的弊端

① 华鹰.著作权法定许可制度的反思与重构——以著作权法第三次修改为视角[J].中国版权,2014(6):42—45,88.

是无法解决一个特定义务主体面对众多不特定的权利主体的矛盾[①]。我国版权制度没有“合理使用”的概念，无论是现行《著作权法》，还是“《著作权法》第三次修订草案送审稿”（以下简称“送审稿”），都将“合理使用”涵盖于“权利限制”范畴。版权是法定赋权，使用者对抗滥用版权需要拥有相应的权利。法律对合理使用性质的定位不利于图书馆等作品使用者应对数据商滥用版权的挑战，甚至在权益受到损害时找不到反击的利器（如诉讼）。所以，应当使合理使用“权利化”，让滥用版权具备可诉性，使用者可以合理使用“权利”受到滥用版权侵犯为理由提起控诉[②]。

1.2 现行合理使用制度的法律效力低于契约的效力

“合同”是数据商滥用版权的“帮凶”，因为合同的契约效力高于合理使用的法定效力。比如，美国版权法规定，图书馆应承担其收藏的作品的复制品或录音制品的合同义务，欧盟《信息社会版权指令》则倡导图书馆通过约定解决版权问题。我国《信息网络传播权保护条例》（以下简称《条例》）第七条“当事人另有约定的除外”的规定暗含合同排除合理使用的有效性。虽然按照《条例》第十条的规定，图书馆可以置“事先声明不许提供”的法律规定于不顾，而根据《条例》第七条设置的原则行

---

① 于玉. 著作权合理使用制度研究[M]. 北京：知识产权出版社，2012：19.

② 李蕨. 互联网技术的发展与知识产权制度的完善[J]. 特区经济，2011(2)：240—242.

事,但不能杜绝数据商以约定方式禁止图书馆按照第七条规定使用作品的可能性,除非《条例》第七条成为"强行法"。又如,为加强对版权的垄断,数据商从作者、出版社获得的权利通常是"独占许可",由于我国《著作权法》未对独占被许可人的义务与责任做出规定,数据商就可能拥数据库待价而沽,拒绝在图书馆未能满足其提出的条件时怠于行使权利,拒绝许可。

1.3　技术措施的数字锁定效应使合理使用形同虚设

"数字锁定"(digital lock)是指权利人采用技术措施使版权物权化,规避版权限制与例外而造成的一种"无法律秩序",或者说一种"技术为王"的秩序和状态[①]。由于技术措施具有"认同一切,排斥一切"的"全有或者全无"功能,使得未经授权的所有利用作品的企图被挡在"技术围墙"之外,包括合理使用制度变成一纸空文。美国图书馆协会指出,"一招致百式"的单一技术使图书馆基础业务和读者服务全面受到压抑[②]。面对被技术措施加了"锁"的作品,图书馆笼罩在"寒蝉效应"之中,既动弹不得,又动辄得咎。因此,美国国会在《消费者、学校和图书馆DRM接触法》立法议案里要求扩大数字作品的合理使用范围,保障图书馆等的技术措施知情权与自由选择权[③]。《条例》规定了4种技术措施例外,但图书馆不是适用主体。即便是公有领

---

① 朱理.著作权的边界[M].北京:北京大学出版社,2011:151—152.

② 美国图书馆协会.数字环境下版权的穷竭和首次销售原则——图书馆协会在美国辩论中的立场[J].版权公报,2002(4):14—26.

③ 谢惠加.版权作品消费者的权益保护[J].知识产权,2014(10):37—44.

域资源，一旦附加技术保护措施，图书馆就无能为力。目前我国图书馆消除“数字锁定”的办法主要是合同约定，但合同往往不是赋予而是否定图书馆的技术解密权。比如，Elsevier 与中国科学院国家科学图书馆签订的《许可协议》规定图书馆不得对被许可资源采取的任何技术措施实施反向工程、反编译或分解①。

2 法定许可制度消弭数据商滥用版权的优势

2.1 更有利于平衡版权利益关系

利益平衡原则在版权制度中起着核心与实质性的指导作用。相对于合理使用制度，法定许可制度保持了对权利人财产权的尊重，所以更具平衡价值。为了使权利人得到创作回馈，德国、西班牙等国家的版权法规定经济补偿的权利不能放弃。为了突出利益平衡理念，法定许可制度不仅采取“多次付酬”的设计，有的还设置“保留权”条款，权利人认为不能达到其利益诉求时可以“选择退出”，重新采用“授权许可”。有学者认为，法定许可制度是网络条件下利益协调的新准星②。图书馆建立法定许可制度就是奉行“折中思维”，既满足图书馆利用作品的需求，又使数据商等权利人的权利降格为获得合理的报酬请求权。

① 黄国彬. 许可协议对我国可适用于图书馆的著作权例外的挤压研究[J]. 情报理论与实践，2012(4)：43—46.

② 梁志文. 数字著作权论[M]. 北京：知识产权出版社，2007：202.

合理使用是版权制度最复杂的部分,关联因素较多,具有抽象性、模糊性、不确定性等特征,规则复杂,图书馆难以厘清和掌握;而法定许可的适用条件简单而清晰,不需要做出任何主观的判断,这同样增加了其在图书馆的适用性。此外,法定许可制度侧重于考虑图书馆、公民素质教育等涉及公众利益的某一行业,而不是个人[①],这也是法定许可制度在图书馆立足的一个理由。

2.2　排斥数据商单方面的权利限制

法定许可是"非自愿许可",是公权力通过对私权力流转的强行干涉,促成版权交易条件的法定化,从而排除权利人的授权意愿,作品使用者无须理会权利人可能施加的限制条件,更不必顾忌陷入被拒绝使用作品的窘迫境地。显然,法定许可制度对图书馆反制数据商利用合同限制图书馆的权利,或者在不满足其条件时以拒绝许可相威胁是十分有利的。但是,法定许可制度的"保留权"条款却建构了一种立法悖论。因为设置"保留权"条款的初衷是平衡权利人和使用者的利益关系,但是把"保留权"的行使作为能否适用"法定许可"的前提条件,无疑是给使用者开了一张可能永远无法兑现的"空头支票",收不到"鱼和熊掌兼得"的立法效果。我国法定许可制度存在的"法定"逊位于"意定"之法理矛盾,导致这项制度存在先天性的理论缺陷。世界上只有少数大陆法系国家的版权法定许可制度设置"保留权"条款,如德国、西班牙等国家的版权法。因此,笔者建

---

① 李祖明.互联网上的版权保护限制[M].北京:经济日报出版社,2003:239.

议立法删除我国法定许可制度的"保留权"规定,还法定许可制度的本来面目,以符合国际立法的大趋势[①]。

2.3 防范数据商不合理的索价要求

国外数据库在中国的销售大都经过了低价进入市场,再抬高价格,直至超高定价的发展道路。有的数据库的价格表面上看并不高,或者涨价幅度不大,但是"隐性涨价"的危害不可小觑。因为数据商实施了在固定期限内(2—3 年或 3—5 年为一个订购周期)无法变更的"捆绑销售"策略,使图书馆被迫购入大量重复资源或低利用率资源。一方面图书馆不得不增加预算购买"更实用"的资源,另一方面图书馆可能已经再无经费可以支配。受制于替代资源的匮乏,在外国数据商"舍我其谁"的架势下,我国图书馆只有接受高定价、"捆绑销售"或放弃购买的两种选择。不仅如此,国内数据商同样掀起涨价风潮,对图书馆无疑是雪上加霜。法定许可制度能够防范数据商不合理的涨价要求,因为付酬标准是"法定"而非"意定",排除了数据商自主定价的可能性,图书馆只要按照法定的标准、规则、程序付酬,就没有侵权或被诉之虞。国外实践表明,法定付酬标准相当于对版权交易设定了"最高限价",或者提供了交易"参考价格",对权利人的涨价欲望有制约作用,即便达成了意定授权协议,销售价格往往不超过法定价格。国外数据库大幅涨价是我国图书馆

① 王清. 著作权限制制度比较研究[M]. 北京:人民法院出版社,2007:280—282.

资源建设的现实困境,如何使法定许可制度适用于国外数据库而非只是国内数据库,则是立法必须解决的关键问题。

3　适用于图书馆的法定许可制度设计

3.1　适用评价制度

法定许可制度只有通过《伯尔尼公约》首创,后来由《与贸易有关的知识产权协议》(TRIPs 协议)确立为基本原则,并被世界知识产权组织(WIPO)管理的《版权条约》(WCT)、《邻接权条约》(WPPT)发展为版权限制与例外"帝王条款"的"三步检验法"(the Three-Step Test)的适用性评价才能立法。比如,意大利、日本、越南等国家的《版权法》都把"三步检验法"当成设立法定许可制度的前置条件。我国 2013 年《著作权法实施条例》第二十一条将"三步检验法"的核心内容统一适用于"合理使用"与"法定许可",可谓国内立法全面接受"三步检验法"的体现[①]。但是,《著作权法实施条例》第二十一条没有"某些特殊情形"的规定,所以是"两步检验法",一方面说明立法的不完善,另一方面不能就此推定我国版权限制和例外制度能够适用于所有情形。图书馆法定许可制度的立法同样受制于"三步检验法",但是由于"三步检验法"意含的"某些特殊情形""正常利

① 王洪友. 论作品合理使用制度的立法模式重构[J]. 理论与改革,2013(4):187—188.

用""不合理""正当利益"等具有相当的抽象性、模糊性、争议性和实践的差异性,即便是 WIPO《专家组报告》给出的答案亦不甚明晰,因而"三步检验法"在图书馆法定许可制度中的内涵复杂而难以准确把握。

3.2 合理定价制度

确定法定许可付酬标准的棘手性从 1998 年美国颁布《数字千年版权法》(DMCA)之后,隶属于美国议会图书馆的美国版权局管辖的版权报酬仲裁委员会(CARP)、版权报酬委员会(CRB)参与解决美国唱片业协会(RIAA)和美国数字媒体协会(DiMA)之间关于网络广播付费标准的争端中可窥一斑[①]。付酬标准过高,会弱化使用者的积极性,限制作品传播,不利于对公共利益的保障;标准过低,又缺乏对权利人的激励,对智力创造产生负面影响。虽然按照法定标准付费降低了版权交易成本,提高了交易效率,但是固定、僵化、欠灵活性的费率使定价偏离了市场价值,抑制了版权市场的发育,没有解决反而可能加重市场失灵。于是,有的国家建立"版税协商机制",由版权集体管理组织与使用者合作定价,取代立法定价。比如,在挪威国家图书馆 Bokhylla 计划中,图书馆和挪威版权及复制权协会签订报酬协议,实现了付费标准随物价指数的动态变化,较好地照顾

---

① 张曼. 著作权法定许可制度研究[M]. 厦门:厦门大学出版社,2013:19—20.

了各方利益[①]。我国法定许可付酬标准都是“依法而定”,且多年不变,其弊端逐步显现。考虑到图书馆的公益主体性质,建议对适用法定许可的作品使用低付费标准,而且根据作品的类型、价值、出版年代、使用方式等有所区别;还建议借鉴国际立法经验,降低或取消版权集体管理组织的准入资格,成立“图书馆版权集体管理协会”,与权利人或者权利人组织谈判解决付酬标准问题。

3.3　报酬转付制度

由于立法不完善,机制不健全,执法不严格,我国法定许可制度实施过程中存在着使用费“支付失灵”“转付失灵”的突出问题。基于此,“送审稿”第五十条建立或重新确认了法定许可使用作品的“申请备案制度”“报酬支付制度”“信息查询制度”。相关规定将增强未来图书馆法定许可制度的可执行性。比如,按照“送审稿”第五十条的规定,图书馆既可以向权利人直接支付报酬,也可以通过版权集体管理组织向权利人转付报酬。这种规定符合国际立法潮流,比如德国、意大利等国家的版权法就是把直接支付报酬作为“最优选择”,而将转移支付报酬当成“次优选择”。针对图书馆使用作品的特点,“送审稿”第五十条还有必要进一步完善:其一,图书馆对作品的使用特点是经常性、大量性,所以“一个月”的支付或转付报酬期限对图书馆

---

① 刘兹恒,温欣.挪威版权延伸性集体许可制度探析[J].图书与情报,2014(3):15—17.

而言较短，会严重增加图书馆的工作负担与成本支出，建议图书馆适用“三个月”或者“六个月”的期限。其二，规定图书馆可以“按批次”向版权集体管理组织报送使用作品的信息。其三，强制要求版权集体管理组织按低比例从图书馆支付的法定许可使用费中抽取管理费，保障权利人的获酬权。其四，对版权集体管理组织转付报酬的“合理时间”予以界定。

3.4 通知公示制度

通知公示制度是指使用者按照法定许可的规定使用作品，负有将使用方法、数量、时间，以及被使用作品名称、出处等信息直接告知权利人，或者依据法律规定，通过适当的途径向权利人通告的义务。美国、意大利、日本等国家的版权法，以及我国《条例》第九条、《著作权集体管理条例》第四十七条第二款、“送审稿”第五十条都有关于通知公示制度的规定，只是详尽和完备程度不同。2010 年我国国家图书馆按照《条例》第九条“扶贫法定许可”的规定启动“以法定许可方式向农村地区免费推送中文图书电子版项目”，在《中国文化报》上发布《国家图书馆以法定许可方式提供中文图书电子版项目公告》，在图书馆网站首页登载了公告与首批 6000 种中文图书的目录等信息[①]。我国法定许可通知公示制度存在的问题包括：其一，规定抵触。比如，《条例》第九条要求“事前公告”，《著作权集体管理条例》第

① 李华伟. 以特定许可方式向农村地区推送精品文化资源的实践与思考[J]. 中国版权，2011(3)：42—45.

二十七条和“送审稿”第五十条却规定“事后通知”。其二,公告形式不明确。比如,《条例》第九条没有规定公告的途径和方式,存在不确定性,容易引起法律纠纷。相比之下,德国版权法第四十六条第三款的规定就非常清晰,不仅把“挂号信”作为通知权利人的首选,而且规定在无法联系权利人时,必须把“联邦公报”作为公告的载体。

3.5 侵权救济制度

为保障法定许可制度的实施,必须提供相应的法律救济机制。比如,意大利《版权法》、法国《知识产权法典》都设置了违反法定许可规则的民事赔偿和行政处罚条款。我国《著作权法》第四十七条第七款关于“使用他人作品,应当支付报酬而未支付”的规定就是专门针对法定许可使用作品不支付报酬的情况,而非普遍适用于所有使用作品未支付报酬的行为。但是在《著作权法》框架内,未支付报酬的法律责任仅限于民事责任,而不涉及行政与刑事责任。《著作权集体管理条例》第四十三条对违反法定许可的行为规定了“责令整改”“中止合同”的处罚,震慑力不强。《条例》第十八条第四款、第十九条第三款根据侵权情节分别规定了民事责任、行政责任和刑事责任,但是只适用于《条例》第九条“扶贫法定许可”,局限性明显。无论是从科学性、全面性,抑或适用性来评价,我国法定许可法律救济制度都不完善。国家图书馆在“以法定许可方式向农村地区免费推送中文图书电子版项目”实施中对出版社、作者进行的调研显示,56.9% 出版社(出版 50 种图书以上的出版社)欣然同意按法定许可规定使用其图书，分别有 20.8% 和 16.4% 的出版社明确反对或态度消极；只有 11% 的作者（出版 5 种图书以上的作者）欣然同意，分别有 12.3% 和 1.6% 的作者明确反对或者存在疑虑，66.6% 的作者没有提供反馈意见[①]。这说明出版社和公众对法定许可制度的认同度不高，维权意识较强，图书馆要严格执行法律规定，防范责任风险。

（原载《图书馆论坛》2015 年第 11 期）

---

① 李华伟. 以特定许可方式向农村地区推送精品文化资源的实践与思考[J]. 中国版权，2011(3)：42—45.

新闻媒体的反响

数据商：每年都在涨涨涨 图书馆：哭哭闹闹买买买

——图书馆大战数据商：几千万买数据库，每年还涨上百万

蒋　隽（《信息时报》社）

【核心提示】

高校图书馆馆长们最“恨”谁？

写过论文的都用过数据库，但你可知，高校或图书馆要为这些数据库花费多少？仅中山大学、华南理工大学、暨大三所高校，一年用于购买数据库的经费就超过3400万元，而且每年至少以10%的幅度在涨价，也就是说，2016年又要比2015年多付几百万。

外人不太知道，图书馆与数据商之间早就火药味十足，打了好几仗够写一部“战争史”了：2010年浙江大学打响“第一枪”，33所图书馆联合抵制爱思唯尔；同年，全国高校联合成立“中国高校图书馆数字资源采购联盟”（DRAA），形成“集团军”

与数据库商谈判;2015年又打起来了,包括中山大学、华南理工大学在内的全国几十家高校联合抵制英国皇家化学学会数据库,到目前为止,这事儿还在撕扯之中,双方重启谈判,结果还没出来。

数据库商为啥这么牛,每年都能涨涨涨?图书馆又为何如此憋屈,哭闹到最后还是得买买买?

前不久,国内部分高校图书馆馆长齐聚中山大学议事,当谈到数据库商,一时间,原本温文尔雅的图书馆馆长们群情激愤,纷纷声讨数据库商"信马由缰狮子大开口""用杀鸡取卵的方式猎杀'中国羊'"。是谁,如此犯众怒?惹得全国高校图书馆联合起来,共同抵制?

中山大学图书馆被涨价500%

2015年以来,近如中山大学、华南理工大学,远到清华大学、复旦大学的学者学生都发现,不能进入英国皇家化学学会数据库(RSC)查资料了,弹出的页面是本校图书馆对RSC的抵制声明,大意基本都是:RSC太无耻漫天要价(中山大学称之"恶意涨价"),双方没谈拢,所以我们联合起来抵制它了,还在谈判中,老师学生们对不起了,暂请绕道。

中山大学图书馆馆长程焕文愤慨地表示,RSC 2005年的年费是5 844.25美元(46 462元人民币),其后一直按照通货膨胀率增加年费,每年的涨幅在0%至11%之间,到2014年时年费也就涨到8 884美元(55 360元人民币),合情合理,可是,"今年突然变得异常凶悍，竟然将2015年的年费突然猛涨到46 500英镑（451 050元人民币）！”据透露，RSC对每个高校的涨价幅度略有不同，而中山大学图书馆被涨幅度达到500%，一般图书馆为300%。

广州高校每年付数据商几千万

别以为中山大学只是个案，广州的高校，特别是“985”“211”高校都为数据库花费不菲。

华南理工大学图书馆负责人告诉记者，该馆每年投入超过2000万元，其中超过70%都是用于数据库资源。也就是说每年超过1400万元用于购买数据库资源。

程焕文介绍，中山大学图书馆一年投入经费超3000万元，其中超过1500万元用于数据资源，而八成左右都是用于购买国外数据库。暨南大学图书馆负责人介绍，该馆数字资源投入一年800多万元，占预算的一半以上。

记者算了一笔账，仅中山大学、华南理工大学、暨南大学三所高校，每年用于购买数据库的经费就超过3400万元，加上华南农业大学、华南师范大学、南方医科大学、广州大学等高校，还有广州地面上几十家省、市、国家级科研机构，据估计，广州一年用于购买数据库的费用就有亿元左右。一位业内学者告诉记者，仅中科院一家，每年用于购买数据库的经费就达到2.46亿元。

每年涨价超百万

对高校图书馆来说,可怕的不是每年要花费千万买数据库,可怕的是年年都在大幅涨价,简直就是无底洞。

据华南师范大学图书馆负责人介绍,全校主要使用的国外数据库大约十来种,每年都在涨价,平均涨幅在 10% 左右,“每年涨价超过 100 万”。

中山大学图书馆馆长程焕文也抱怨,“每年都涨价,涨 5%—8% 算正常,有的一年涨幅达到 30%,RSC 今年更是暴涨”。他表示,中山大学每年都要因为涨价多掏 100 多万。

捆绑销售很头疼

除去最直接的涨价,数据商捆绑销售也让图书馆头疼。数据商常常将数字产品和传统的印刷版文献捆绑在一起。要想购买数据库,首先要订够一定份额的纸质期刊,之后才有资格进入客户联盟,进行数据库的谈判。

如果一年后,学校想调整掉用不上的杂志,要先保证原有份额不变。也就是说,学校调整掉 10 万美元,同时还要再新订 10 万美元的其他杂志。武汉理工大学就曾遭遇过类似的情况。作为爱思唯尔的订户,该校在 2005—2007 合同期没有续订,2008 年重新订购时,该校被要求必须把上一个合同期的期刊全都“补订”,而且还要按照大约年均 10% 的涨幅交费。

数据库牛在哪儿?

外文期刊数据库到底牛在哪里?为何年年涨价?

广州引入的国际顶级专家学者,通常都带有一个小小条件:能查阅××数据库。因为,没有这些数据库,就好像一个砌墙的工人,完全不了解前面人砌了一半的墙,结构怎样、自己又该从哪个方位开始往上垒砖头。总之,简直是束手无策!

一个合格的医科博士生,每月必定要通过数据库浏览《柳叶刀》的每篇论文,《柳叶刀》是临床医学领域坐头把交椅的国际学术期刊,如果一个医学博士生连《柳叶刀》都不看,就掌握不了最新的前沿研究动态,是绝对无法在学术界立足的。

而《柳叶刀》仅仅只是国际知名数据库爱思唯尔(Elsevier)的一部分。爱思唯尔拥有2000多种学术期刊,其中的佼佼者《柳叶刀》和《细胞》是临床医学界和生物基础理论界的顶级学术刊物,其影响因子和对学术前沿的捕捉能力,在科学界具有世界公认的地位。包括伽利略、达尔文、笛卡尔都曾是这家拥有400多年历史出版社的作者,各国相关学科研究者也以在这些杂志上发表论文视为研究水准的衡量指标。

爱思唯尔旗下的在线平台ScienceDirect自1999年为中国提供服务以来,至2006年已累计下载文章逾10亿篇,2008年下载量超过4亿多篇。ScienceDirect在同类电子数据库中,是售价最高的,也是订户最多的。订户包括国家图书馆、各部委图书情报中心、中国科学院、中国社会科学院等。

再说RSC,英国皇家化学学会数据库,也是一个历史悠久的数据库了,拥有 *Chemical Society Reviews*、*Chemical Communications*、*Dalton Transactions*、*Green Chemistry* 等著名期刊,凡是做化学研究的学者,都绕不开这个数据库。

图书馆VS数据库的战争史

蜜月期(20世纪90年代—2007年左右)

高校图书馆也曾与数据库商有过蜜月期,不是一开始就如此火药味浓重。

计算机与互联网改变了科学研究的方式。“90年代之前,资料全是纸质的,先查厚厚的目录本,再去找对应的期刊,费时费力。”暨南大学图书馆馆长史小军介绍,随着计算机与互联网的兴起,学者想看相关研究别人做了什么、做到什么程度、哪些可以引用,全都可以从数据库查到。

“国外数据库刚进入中国的时候也是很便宜的”,一位资深业内人士回忆,90年代中后期,国外数据库进入中国,价格也就几万块,而且数据量大,数据权威,很快就成为不可缺少的科研工具,这段蜜月期一直持续到2007年左右,“这段时间是国外数据商在国内拓展市场的布局期,只求最大范围扩大用户量,并逐步根据中国用户的需求完善服务,完成市场布局。”

暴涨期(2008 年后至今)

2008 年到现在,国外数据库结束了“播种”期的柔情,开始了大刀阔斧的“收割”。数据库每年售价增幅达到 5%—10%,部分强势数据库价格甚至连续多年以百分之十几甚至二十以上的幅度上涨。

据统计,2009 年,全国高校图书馆花在爱思唯尔数据库上的钱达到 2600 万美元。仅北大一家,在爱思唯尔的采购费用就从 2008 年的 54 万美元涨到 2010 年的 61 万美元。2010 年,爱思唯尔公布 2011—2013 合同年的涨价方案,按照这个方案,当时全国近 200 家用户要接受年平均涨幅达 18% 的价格。而爱思唯尔在 2000 年进入中国时,开出的价码仅是每校每年最少订购两万美元的纸质期刊,在此基数上再花 3 万美元左右,便可获得 Science Direct 的使用权。

2008 年就有高校图书馆,抗议爱思唯尔在华年均提价 15% 的行为,结果是无果而终。

战役

第一枪:33 所高校联合抵制爱思唯尔

2010 年,浙江大学打响了第一枪。浙江大学图书馆联合全国其他 32 所图书馆,包括国家图书馆、北京大学图书馆等占据中国大部分图书数据资源购买力的图书馆,共同签署了两封公开信,联合抵制爱思唯尔(Elsevier)。

引起"共愤"的导火索,是当时爱思唯尔给中国用户发的一个新订阅方案。该方案提出其全文数据库在下一个合同期(三年)内每年涨价 14% 以上。它希望到 2020 年中国用户购买数据库的价格要与欧美国家持平。

33 所图书馆的集体抵制让 Elsevier 的涨价行为放慢了脚步,最终承诺推迟到 2030—2035 年才让中国的购买价格达到欧美的水平。

阵地战:全国高校图书馆联盟

Elsevier 虽然妥协了,但可不是不涨价了,只是少涨一点,Elsevier 之外的诸多国外强势数据库涨幅可一点不客气。在此背景下,为了有更多的议价空间,全国高校联合起来,成立了"中国高校图书馆数字资源采购联盟"(DRAA),形成"集团军"与数据库商谈判。

每逢重要数据库采购,DRAA 都会推出某所成员馆作为牵头馆,组成谈判组,与数据商达成采购协议。其他图书馆可自主决定是否参加联盟组织的数字资源集团采购。

成立几年来,DRAA 在谈判上有得有失,有些数据库的涨幅被控制在当年物价的平均涨幅,有的数据库价格则始终谈不下来。2013 年 12 月,DRAA 和美国科学促进会关于 Science Online(《科学》杂志的网络数据库)的集团采购谈判结束。北京大学图书馆副馆长肖珑发了一条信息:"今年(2014 年)价格方案又很霸道,谈判组未能拿下。”

正在打:联合抵制 RSC

2015 年图书馆们又被英国皇家化学学会数据库(RSC)捏住了脖子。RSC 在给 DRAA 提供的 2015 年及以后若干年份的价格方案中,提出大幅涨价要求。例如对中山大学,RSC 涨幅高达 500%。对其他高校图书馆的涨幅也达到 300%,而且拒绝高校图书馆数字资源采购联盟的谈判,要单独与各图书馆谈判。

去年 12 月 29 日,清华大学、中山大学在内的 DRAA 高校纷纷挂出抵制声明,认为是“杀鸡取卵”的“恶意涨价销售政策”,宣布停用抵制。到目前为止,这事儿还在撕扯之中,双方重启谈判,结果还没出来。

图书馆的委屈:受“夹板气”

图书馆与数据库商的争斗中,通常处于下风,哭闹之后终究还得买买买,为什么?

一位图书馆馆长倒“苦水”:高校图书馆是决心要抵制数据库涨价行为的,问题是,那些已经用惯了数据库的老师和学生们能理解吗?如果有一个学科带头人或科研的牛人冲到图书馆来理论,说你的行为影响了他的研究工作,图书馆能顶得住吗?当然,你也可以不用数据库,自己动手一本一本去查期刊,这样要花上很多倍的时间,而且,关键是,在国内,根本没法收集到所有的权威、核心、主流期刊。

根本原因:国家科技实力之争

《图书馆论坛》副主编刘洪表示,图书馆与数据商之争,根本是国家科研实力之争。

首先,欧美的科研实力确立了他们在科学界的话语权,他们的期刊是国际科研水平和走势的风向标。此外,国内学术评估体系追求的是论文,在高水平学术期刊上发表论文数量甚至决定了学者的"江湖地位",因此形成对国际学术期刊的依赖无可避免。

要彻底解决垄断方向自己收取高价的问题,只能依赖中国科技水准的大幅度提升,甚至要达到国际顶尖位置,才会最彻底地打破发达国家的科技垄断。

解决方案

提升谈判技巧

图书馆已经形成联盟,但同时谈判技巧也很重要。西安政治学院图书馆王春生老师指出,图书馆需要以较高的谈判能力来确保有利于自己的博弈结果,专业谈判人才参与数据库交易谈判能为图书馆赢得较好的结果。例如,加利福尼亚数字图书馆 2003 年代表加州大学的 9 个校园与爱思唯尔进行大宗交易合同续约谈判时雇用了专业谈判人员，不仅实现5年合同期开始的2004年的费用较2003年下降9%，而且2005—2008年的年度涨幅分别只有2%、3%、4%、5%。

2008年，大陆图书馆界抱怨数据商不断涨价时，台湾却传来爱思唯尔降价并赠送纸质期刊的消息，“究其原因，高超的谈判技巧非常重要”。

另起炉灶

从长远看，要打破国际在线数据库的垄断地位，中国必须另起炉灶，占据主动地位，而且清华大学在这方面有过成功案例。清华大学大学曾依托国际上的一个大出版集团，组织华人编委，创办了一份有关纳米技术的国际期刊，目前，期刊水准已达到国际最顶尖水平。

暨南大学图书馆馆长史小军介绍，暨大目前也在开发自己的数据库，“作为华侨最高学府，暨大图书馆1995年就成立了华人文献信息中心，在华侨华人文献资料的收藏和研究方面很有优势，目前该中心已经资助研发了9个这方面的专题数据库”。他认为，如果每个高校和科研机构综合自己的优势开发相应的小型数据库，就能对大数据商形成竞争挤压，从而在价格博弈中改变局面。

争论焦点一:涨价:市场行为还是垄断霸权?

数据商:商业行为且收费低于欧美

接近数据商的业内人士表示,数据商前期十几年的市场铺垫也是成本,在商言商,人家有这个商业实力,为何不能定价?而且从全球范围看,对中国的收费其实低于欧美市场。作为世界第二大经济体,中国在信息资源方面的投入过低,增幅远低于研发投入的增长,而且相同的数字资源,在欧美的收费远高于目前对中国的收费。

图书馆:定价是糊涂账

中山大学图书馆馆长程焕文认为,数据库的定价就是个糊涂账,一切数据商说了算,从来没有什么物价管理部门的审查和干预。可是,数据库涨价也不能信马由缰和狮子大开口,否则就没有了市场规则,没有了诚信。

中国图书馆界认为,中国是发展中国家,人均收入依然很低,数据库在中国的收费不应参照发达国家标准。

争论焦点二：图书馆是公益，数据商不该赚这个钱？

图书馆：公益事业无收入

不少图书馆抗议数据商涨价的另一个重要理由是占据了“道德高地”：图书馆是社会公益设施，免费供学生、学者和大众使用，根本没有收入，无法应付这样的年年涨价。

数据商：数据库是商业公司

一位数据商内部人士直言，图书馆用的是国家投资纳税人的钱，服务于公众理所当然，跟数据商该不该便宜并无逻辑关系。数据商首先是商业公司，有成本有产品，产品有价值、没有可替代者，卖方话语权自然更大。

（原载《信息时报》2015 年 11 月 23 日，本文为未删节版）

数据资源:高校图书馆的痛

高毅哲(《中国教育报》社)

沉石　绘

前不久,国内部分高校图书馆馆长齐聚中山大学议事,话题不可避免地涉及高校图书馆和数据商的关系。

一时间,原本温文尔雅的图书馆馆长们群情激愤。中山大学图书馆馆长程焕文说:“大家对数据商极其愤怒,一致认为图书馆界必须发出强烈的声音,以矫正数据商的不端行为。”

数据商是高校图书馆数据库的提供者。然而,高校重金购得数据库,却没有“购”得和数据商的良好关系。

“按说,有长期合作关系的客户和企业,关系都不会太差。可是在数据库领域,高校图书馆和数据商却是矛盾重重。”程焕文说,“最根本的原因,在于数据商的垄断利益。”

高校图书馆和数据商,是否真如一些人所言,关系已被打上死结?

“数据库让我们欲罢不能”

赶在放寒假前,清华大学大学人文学院博士生雷礼宏利用学校图书馆的数据库,下载了几十篇论文。“这些数据库只有用学校的IP地址才能登录。假期要写文章,只能提前做好储备,免得在家需要用时无法下载。”雷礼宏说。

而从北京某高校毕业的韩东,毕业后一直选择在学校租房,其中一个重要原因就是,他可以登录学校图书馆的数据库,享受浏览、下载论文的便利。

目前在国内,看论文最方便的途径,就是通过各校图书馆订阅的数据库。只需输入账号、密码,就能进入数据库,再在搜索栏里输入关键词,鼠标轻轻一点,成十成百的相关论文就会出现在屏幕上,用户可以随意浏览、下载。

“简直太方便了。”韩东说。学校在 2000 年之后购买了相关数据库,论文在网上一搜就能看到,需要的可以下载之后打印,一篇论文不过几毛钱。而购买期刊(尤其是外国期刊)不仅昂贵,而且一本期刊里有很多内容都是用不上的,性价比很低。

“数据商们有自己的营销策略。由于本身资源和使用方法的优势,他们很轻松地就培养了用户的消费习惯,这个习惯一旦养成,再想戒掉就难了。”淮海工学院图书馆馆员王启云说。

总部位于荷兰阿姆斯特丹的爱思唯尔公司是世界出版业巨鳄,旗下有 2500 多种学术期刊,它的 ScienceDirect 数据库更是王牌产品,涵盖人文、社科、理工、经管等多个学科大类,号称“拥有世界 1/4 的科技与医学领域经同行评审的电子版全文”。

在爱思唯尔科技部中国区总裁张玉国看来,爱思唯尔引以为傲的,不仅仅是这些庞大的数字资源,更在于它提供的用户体验。比如,在 ScienceDirect 搜索文献时,某文章的被引用数量、引用人等信息都由一个文摘软件工具在一旁列出,用户可以随意点击查看。据介绍,在爱思唯尔的产品体系下,有 100 多个类似的程序。张玉国说:“这一系列程序和工具的开发,都旨在提高用户体验,帮助客户做出重要决定,提高生产力,增加科研成果。”

有人形容,如果说爱思唯尔已经拥有的文献数据库是巨大的宝库,这些程序就能帮助用户更快地发现宝库中的钻石。

北京大学图书馆馆长朱强说,尽管国内高校图书馆投入到数据资源采购的钱越来越多,“但不得不说,这笔钱花得值”。

王启云说，高校搞学术研究，需要调用大量的文献做辅助和对比参考。通过数据库资源可以很方便地发现研究领域的发展概况、研究方向、该学科国内外发展情况和代表性成果。

巨大的信息量、权威的论文、前沿的研究、便捷的方式……这些吸引着国内的科研人员和图书馆纷纷投入数据库的怀抱。早在数年前，业界就有声音称这已成为一种“瘾”，有人说：“数据库让我们欲罢不能，就像吸毒上瘾，要戒掉是很难的。”

数据商为何没能落下好名声

然而，尽管科研人员、图书馆如此依赖数据库，提供数据库的数据商却没有落下什么好名声。

2010 年以来，国内主要高校图书馆的数字资源购置费一路上涨，这固然和高校对数字资源的巨大需求有关，但不容忽视的是，国际数据商巨头年复一年地涨价，也是费用飙升的重要因素，并且其涨价幅度，常常到了令高校图书馆难以接受的地步。

爱思唯尔是中国高校图书馆打交道最多的数据商之一。

据统计，2009 年，全国高校图书馆花在爱思唯尔数据库上的钱达到 2600 万美元。仅北大一家，在爱思唯尔的采购费用就从 2008 年的 54 万美元涨到 2010 年的 61 万美元。2010 年，爱思唯尔公布 2011—2013 合同年的涨价方案，按照这个方案，当时全国近 200 家用户要接受年平均涨幅达 18% 的价格。而爱思唯尔在 2000 年进入中国时，开出的价码仅是每校每年最少订购 2 万美元的纸质期刊，在此基数上再花 3 万美元左右，便可获得 Science Direct 的使用权。爱思唯尔在中国十几年间的涨幅，可见一斑。

除去最直接的涨价，数据商的一些销售策略更是让图书馆头疼，其中最常见的就是捆绑销售。数据商常常将数字产品和传统的印刷版文献捆绑在一起。要想购买数据库，首先要订够一定份额的纸质期刊，之后才有资格进入客户联盟，进行数据库的谈判。

如果一年后，学校想调整掉用不上的杂志，要先保证原有份额不变。也就是说，学校调整掉 10 万美元，同时还要再新订 10 万美元的其他杂志。武汉理工大学就曾遭遇过类似的情况。作为爱思唯尔的订户，该校在 2005—2007 合同期没有续订，2008 年重新订购时，该校被要求必须把上一个合同期的期刊全都“补订”，而且还要按照大约年均 10% 的涨幅交费。这一情况至今没有得到改变。

科技期刊为数众多，为了对期刊的质量加以区分，学界建立了“影响因子”的评价标准。一般来说，影响因子越高，期刊的影响力越高。数据商也瞄准了这个因素，采取了高影响因子期刊单独建库的方法，并标以高价。这样，原本完整的期刊全文数据库，就被拆分成一个个单独的数据库，价格也随之提高。

此外，不向图书馆提供数据库的详细使用数据，也为业界诟病。程焕文说：“数据库买回来，我总得知道它的利用率吧？那我就需要它的下载量、浏览量、点击分布等一系列使用数据。可是数据商要么不提供，要么只是给你一个很粗略的统计。”

更有甚者，有的数据商还会向高校提供假数据。据程焕文介绍，陕西某高校自己开发了一套系统，统计本校数据库的使用情况,结果发现关键指标比数据商统计的数据低了不少。“这说明钱白花了啊,使用率根本不像数据商说的那么高！所以它要捂住这些数据,不然你下一年还会买吗?”程焕文说。

图书馆和数据商围绕价格和使用权益的博弈始终未曾停止。尤其是2010年,由于爱思唯尔要大幅提价,一度引发国内33家知名图书馆联合发出致中国科技文献读者的公开信和致国际出版商的公开信,号召国内科技教育界联合起来,共同抵制爱思唯尔,轰动一时。

采访中,记者注意到,数据商的形象在高校图书馆界欠佳。多所著名高校的图书馆馆长以“霸道、唯利是图”等词形容数据商,称“数据商想方设法赚高校的钱”。一些馆长表示,数据商的一些做法对高校图书馆的发展造成了“很不利的影响”。

难堪重负的高校图书馆

数据资源价格飞涨,对高校图书馆究竟带来哪些冲击?

传统的纸质文献购置经费,一直是图书馆开销的重头戏。然而对高校图书馆来说,这一情况正发生改变。以复旦大学为例。2005年,复旦大学图书馆花费2053万元采购纸质资源,505万元用于电子资源,二者之比约为4∶1。2010年,复旦大学图书馆的3200多万元采购费中,2100多万元用于纸质资源,电子资源升至1097万元,二者之比已缩至不到2∶1。2012年,该图书馆纸质资源经费为2813万元,电子资源经费则为1569万元,比例进一步缩至1.7∶1。这仅仅发生在8年间。

根据教育部高校图书馆事实数据库提供的数据,2006—2012年,全国高校图书馆馆均纸质文献资源购置费的平均值由288万元下降到250万元。同一时期内,馆均电子资源购置费平均值却由78万元涨至180万元。

另一方面,高校图书馆的经费长期处于“饥荒”状态。教育部高校图书馆事实数据库对包括“985”“211”及地方院校在内的586所高校图书馆进行的统计显示,2012年,只有10.2%的图书馆总经费达到1000万元以上,达到2000万元以上的仅为3.7%——这意味着,有86.1%的图书馆总经费不足1000万元,而总经费在500万元以下的图书馆,更是达到71.1%。

这种背景下,连续上涨的数字文献采购费用,使很多图书馆不堪重负。张波说:“数据库价格的涨幅,远远高于国家对教育科研经费的投入增幅。连我们这样财政大力支持的高校都难以支撑,更不要说其他学校了。”

淮海工学院是一所有理工科特色的省属地方本科院校。2013年,学校花在纸质图书和数字资源上的钱大约是260万元,其中数字资源占160万元,仅购买爱思唯尔数据库(包括6个学科),学校就得花80万元,这使得图书馆的文献资源购置经费更加吃紧。

数据商对数据库使用的一些限制,也令图书馆颇感无奈。

为读者阅读、查找提供便利,是图书馆的重要职能。为此,图书馆都会对纸质图书资源进行编目。对海量的数字资源,图书馆也希望进行类似的整合,这样,读者只需在搜索栏里输入关键词,就能在图书馆订阅的所有数据库里找到自己需要的文献。

然而,由于数据商之间的竞争,在和图书馆签订合同时,数据商常常要求图书馆不能做任何元数据的关联。不能关联元数据，图书馆便无法完成整合工作，于是，当读者搜索数字文献时，只能一个个点开数据库，然后在单个数据库里进行搜索，费时费力。

“每家图书馆少则有数种，多则有数百种数据库。无法整合资源，给图书馆和读者造成的麻烦是很大的。”王启云说，“数据商常常说客户是上帝，但是当‘上帝’需要时，却只能挨家挨户去串门。”程焕文说：“不能关联元数据，就如同不让图书馆给纸质书编目，这可是图书馆最基本的职能！”

价格、使用权益、更多的公共性……围绕这些议题，图书馆和数据商有打不尽的嘴仗，有人形容，图书馆是在花钱买罪受。

不过，数据商也有自己的理由。张玉国表示，专业出版商要创办新刊、管理投稿、管理和组织同行评审，还要对科研论文进行编辑制作和出版传播，甚至要做到长期保存，这些都需要成本。而在价格问题上，中国和欧美等发达国家仍然存在明显的差距。如今，在 ScienceDirect 上下载一篇文章的国际平均价格是 2 美元，而中国则只要 47 美分。因此，爱思唯尔曾经提出，要在 2020 年使中国下载文章的价格达到国际平均水平。

这很快被国内图书馆指责为“不顾中国国情”。“个别数据商说中国的 GDP 已经世界第二，是个世界经济大国了。但人均 GDP 呢？我们的科技教育还处于初级阶段，科研经费完全没法和哈佛、剑桥这些学校比。”朱强说。

数据商对此也针锋相对。爱思唯尔有关人士曾指出，中国在信息资源方面的投入过低，增幅远低于研发投入的增长。一所英国大学每年在信息资源方面的投资约为 110 万美元，而同等规模的中国大学只花7.5万美元就能获得同样的资源。

在激烈争论的同时,高校图书馆界也采取了一些行动,试图扭转面对占有垄断地位数据商时的被动局面。DRAA(中国高校图书馆数字资源采购联盟)就是这种背景下的产物。

图书馆如何走出不断掐架的困局

2013年12月,DRAA和美国科学促进会关于Science Online(《科学》杂志的网络数据库)的集团采购谈判结束。北大图书馆副馆长肖珑发了一条微博:“今年(2014年)价格方案又很霸道,谈判组未能拿下。”

成立于2010年的DRAA,力图整合成员馆力量,加强谈判分量,确保成员馆以最优的价格引进海外数字学术资源。每逢重要数据库采购,DRAA都会推出某所成员馆作为牵头馆,组织数所图书馆组成谈判组,与数据商达成采购协议。其他图书馆可自主决定是否参加联盟组织的数字资源集团采购。

肖珑是DRAA理事会理事,长期参与采购谈判,她透露:“美国科学促进会极其强势,其价格分级方案不合理,导致年年都有许多高校支付费用大增,美国科学促进会却只用一句‘全球政策’,拒绝谈判和降低涨幅。”

2010年的谈判曾让人心生遐想。在那场风波中,由公共图书馆、高校图书馆等组成的联合工作组和爱思唯尔反复谈判,最终形成谅解备忘录。爱思唯尔将原定在2020年使中国的价格水平追平国际价格水平的目标,修改为2030—2035年,使国内图书馆得到喘息之机。

成立 3 年多来，DRAA 在谈判上有得有失，有些数据库的涨幅被控制在当年物价的平均涨幅，有的数据库价格则始终谈不下来。究竟是何种原因造成图书馆难以掌握主动？程焕文一语点破："依赖性太大！"

科研人员的生存逻辑决定了他们对国际出版商的旺盛需求。评价体系使科研人员追求论文，而在高水平学术期刊上发表论文，对他们的事业发展意义重大。由于缺少具有国际影响力的学术期刊，对于国内科研人员而言，既要使自己的科研成果获得国际认可，又要掌握最新科研动态，形成对国际学术期刊的依赖无可避免。

程焕文说："要想改变现状，根本出路在于拥有自己的顶级期刊和数据库。"然而受制于国内整体科研水平，这并非易事。

王启云则认为，图书馆不能把所有问题都自己扛，要唤醒用户和读者的权益意识，向数据库商讨权益的其实不该是图书馆，而应是作者和图书馆的用户。"图书馆现在受到数据商和读者的双重挤压。数据商要提价，图书馆抵制的手段除了谈判只有拒绝购买，但不买的话，读者不是骂数据库商，而是骂图书馆。"王启云说。

另一方面，当前高校图书馆建设本身存在的缺陷，也屡屡成为数据商突破的口子。

尽管已经有了 DRAA，但由于国内存在为数众多的地方院校，总体而言，数据库市场并没有统一的采购标准和方式。同一个数据库，不同学校的采购价甚至能差好几倍。至于是高价还是低价，很大程度上取决于学校采购力量的专业性和议价能力。

杨涛(化名)来自某中部省份的地方高校图书馆,曾多次参与学校图书馆数字资源采购工作。杨涛告诉记者,数字资源涉及费用高,学校往往采取招标的形式。主管图书馆的校领导、图书馆馆长、图书馆数字资源采购负责人都会参与其中。“名义上主要领导都到齐了,但是校领导和馆长却对数据库市场并不熟悉,数字资源采购负责人了解图书馆和用户需求,但话语权有限,在最后的评标环节,他也不参与,即便馆长也只是数个评标人之一,所以最终的决策权并不在图书馆。”杨涛说,“数据商首先是商人,他们的销售队伍是很精明的,哪里有空子可钻,就会从哪里下手。如果里面发生交易,是很正常的事情。”

教育部高校图书馆事实数据库显示,2012 年,500 余所各级各类高校的图书馆馆长中,有 75.7% 的馆长的学科背景为非图书馆学,科班出身的图书馆馆长依然为少数。“图书馆发展到今天,对它的管理已成为一门科学。”杨涛说,“然而在一些学校,图书馆馆长的位置是用来调整干部让他们升迁或者等待退休用的。数据商很了解图书馆,不少高层管理人员或业务骨干都有在图书馆工作的经历,对付图书馆很有一套。”

至少目前看来,数据商和图书馆的掐架还会继续下去。

然而对科研人员来说,这样的纷争多少有违人类求知的本意。

雷礼宏对导师的一段话印象深刻。导师曾说,19 世纪末自然科学大发展时期,很多科学家花费大量精力物力开展研究,却由于信息不畅,最后才发现早已有人解决了这些问题。“如果当时有数据库,这些浪费就不会发生。”导师说。

“科学家艰苦求索得到的知识,应该为人类的进步服务。

把它们开放共享，其实也是为了我们更美好的未来。”雷礼宏一边说，一边娴熟地操作电脑，搜寻自己需要的文献。

屏幕上出现了长长的一列论文篇目，那正是人类智慧的结晶。

（原载《中国教育报》2014 年 2 月 28 日）

数据商的回应

图书馆之殇

胖胖星

我诚惶诚恐地接受邀请，从数据厂商工作人员的角度谈一点自己对图书馆与数据商的看法。我自己年纪轻轻，资历很浅，但还是想努力表达出我的声音。

我是某数据厂商的一名市场人员，有五年的从业经验，常年奔走于全国各地公共图书馆之间，较多地接触了图书馆行业，也深爱着图书馆行业。

诚然，我的数据厂商市场人员角色只有五年，可能会导致我的看法并没有多少含金量，一些认识和判断或许流于浅薄。不过，这仍然是一个群体的看法——很多数据厂商工作人员的看法，或许可以作为图书馆的一面镜子。我认为，图书馆与合作商家并非对立，双方有着共同的愿景，可以相互依存、相互兼容，甚至融为一体；数据厂商需要与图书馆界有更多的沟通。

1　参差不齐的公共图书馆

这些年国家越来越重视图书馆,密集出台政策,经费有所提升,图书馆也确实越来越好,但图书馆要发展得非常好,并非一两年就可以实现,因为基础薄弱,历史欠账多。对图书馆的现状分析,很多专家会用到数据,如借阅量、购书经费、免费开放经费、政策补贴,但笔者更愿意从自己五年看到、听到、想到的来谈,因为感性认识也很重要。

1.1　分布不均,发展不平衡

这个问题是所有分析图书馆行业文章中最常见的开场。自古以来中国地域就很辽阔,不患寡而患不均。整体看图书馆,其梯次与经济发展水平梯次基本吻合:东南沿海为第一梯队,中部为第二梯队,西南、西北是第三梯队。这从侧面说明地方经济发展对图书馆影响很大:地方富则图书馆足,地方穷则图书馆贫。

在五年的市场开发中,我也看到,有些地方经济发展靠前,但图书馆发展缓慢。那是因为这些地方的领导对文化事业尤其是图书馆事业并不重视,精力都放在了经济发展上。这种思路的背后往往有着政绩考虑,因为对图书馆的投入不能立马见到效果。不过,重视文化事业能够造福于子孙万代,还是应该大力做。

在这样的形势下,对数据厂商来说,部分省份的收入基本支撑起整个市场的收入,很多小数据厂商基本放弃了欠发达地区市场。这样导致的一个恶果是:由于缺乏数据厂商,会使一些欠发达地区的图书馆缺乏新思想、新技术的冲击,进而加大各地图书馆之间的差距——从某种程度说,数据厂商对图书馆的发展起到了一定的促进作用。我开始接触图书馆行业时,就强烈感受到了各图书馆之间巨大的差异。从现在热炒的总分馆来说,很多发达地区已经完成建设和运营,相关研究论文汗牛充栋,但还有更多地区的图书馆处于探索、摸索阶段。作为一个在全国跑的市场人员,我往往把先进地区的经验带到落后地区,在落后地区我也可以算是一个专家,为文化事业的发展出了一份力。

1.2 政策导向影响深,图书馆人难处多

在四处奔波的同时,我体会到了图书馆人的难处。数据厂商的很多项目、很多好产品也许能够解决图书馆的一些问题,但往往受困于经费而搁置。图书馆需要向上级报项目,项目报批过程需要历经千辛万苦,各个环节都要一一考虑周全。有时候并不是图书馆不想做事,而是做事真难。一些馆长聊天时不胜唏嘘,归为一点:馆长的工作就是四处要钱。

另外,很多地方的图书馆并不是根据图书馆自身需要来进行建设,而是根据大环境和大形势来进行建设。举两个例子。

第一个例子是数年举行一次的盛大活动:图书馆评估定级。评估定级中的数字资源一直是一个非常奇怪的考评标准,比如对数字资源总藏量的要求是容量达到数个 T。这样的考评标准要求数字资源提供商在卖产品的时候首先要考虑资源大小、资

源体积,然后才考虑使用体验、内容完善。这件事情拿到读者身上就更可笑了:不关心读者对数字资源的使用和内容,关心的仅仅是一个容量,直接导致数字资源的质量低下,甚至根本无法使用。

第二个例子是现在盛行的总分馆建设中的重点——通借通还。从字面理解,通借通还确实是一个方便读者的工程,但在很多地方,其实通借通还只是形式。由于中心馆和分馆在行政设置、财政支出、领导班子上不是一套系统,仅仅只有工作上的指导关系,所以大多数通借通还情况是:各个馆都拿出一部分书做流通,但自己的特色馆藏等自有内容还是自己管辖——谁也不乐意自己的珍宝就这样被流通走。本来基层图书馆就没有多少资源和内容,加入大流通环境,又新增胆怯。这样建立起来的通借通还就给读者带来这样的体验:进入图书馆,外借部分分为两块,一块是市馆图书区(大流通),可以在地区内归还;一块是本馆图书区(小流通),只能在本馆借还。外借规则不一样,系统不一样,书还可能重复,这种运行机制实质上给很多读者带来了困难。

2　风雨飘摇中蹒跚的厂商

前面帮图书馆界吐槽了一下苦水,再来看看数据厂商,其实也并没有好到哪里去。在图书馆眼中,数据厂商每年都能轻轻松松挣到钱,也游离于体制之外,可以尽情发挥。实际上很多小厂商是在夹缝中求生存。

2.1 版权问题惹来满城风雨

任何数字资源提供商首先面临的问题是版权问题。绝大多数数据厂商不是内容的原创者,只是内容分发者。在资源还没有任何盈利机会时,就需要将大量经费投入到版权花费上,还不一定看得到回报。20 世纪 90 年代初期关于数字出版的版权问题得到进一步的认可和重视,很多数字资源厂商才开始建立版权意识,但版权官司已经敲门。20 世纪 90 年代末期的版权官司让很多厂商关门大吉。

经历了这一场风雨,越来越多的数据库厂商重视起数字图书馆建设中的版权问题。有版权问题的产品,也会给我们的直接客户——图书馆带来很多困难。在这种形势下,要在授权作者、出版社、数据厂商、图书馆、读者这几者之间建立起一条联系的纽带,涉及多方的利益分成。问题是如何才能让多方共赢?

2.2 产品研发竞争激烈

数据厂商之间的竞争是一场看不见硝烟的战争。现在的互联网公司,有时候看起来很难靠技术和理念来进行竞争,更多是拼体力。对市场的把控和反应,唯独一个“快”字诀。举例来说,我供职的公司和某图书馆在 2013 年共同创立和研发了一款终端产品,起初是按照项目形式来做,项目完成后看到市场前景,公司立即产品化。利用半年时间,此产品作为拳头产品覆盖了 300 家用户。接着竞争就来了,在 2014 年图书馆年会展会上,几乎所有数据厂商都采用了这个产品的模型对自己的产品进行包装。试想:如果没有首期300家用户的迅速覆盖,这片市场可能马上被瓜分。

更多的传统纸质资源厂家借着自己在行业内得天独厚的优势,开始叫嚣起进军数字图书馆行业。也许这些公司在版权和内容方面有一定的竞争力,在概念营造方面有一些独门诀窍,但后来他们发现,挣钱,没这么简单。

作为涉及互联网的公司,核心竞争力是研发部门。君可见研发者中有几个不秃顶?研发人员的压力并不比市场人员小。作为帝都的研发团队,加班是家常便饭,正常情况是19:00点才算加班,22:00点也不嫌晚。为什么不招更多的研发人员?一方面人力资源成本相当高;另一方面有钱也招不到人,几大互联网公司往往联系好各大高校,将相关毕业班统统招进公司实习,然后挑出尖子留用,形成了对优秀毕业生的行业垄断。

2.3　大厂商垄断经营

所有的行业都畏惧垄断,但是所有的行业又都趋向于垄断。大鱼吃小鱼永远是历史的选择,最终是形成一家独大还是强强联合,让历史来见证吧。

在图书馆行业,我经常听到大厂商脾气的风言风语。据说某些厂商最简单的销售渠道就是电话,电话直接打到馆长办公室,通知一声:馆长您好,今年我们涨价20%,如果要续订,请与我联系。这样的销售模式是小厂商想都不敢想的。究其原因在于资源的独有性,当一个厂家越能够多拿到某某专有授权、独家版权的时候,越可能产生这样的垄断情况。特别是某种资源还是某某部委的指定文献,不买不行啊!那其他厂家呢?就请夹缝中生存吧。市场差异化、产品差异化也许是进入这个行业的第一道门槛。

2.4 集成商霸道

我们采用的是直销,在全国各地都有办事处和销售人员,这样的设计可以将最好的服务给到客户。不过,我们还是避免不了要和当地的集成商或总包公司打交道。特别是在遇上某个项目,需要多家厂商合作的时候。这时候集成商几乎成为决策人,各个厂商的生杀大权全拿在他手上,甚至图书馆都无法干涉集成商的选择和决定。

为什么会这样?强龙压不过地头蛇。多数集成商在地方上的背景颇深,经常会叫嚣哪些项目不通过他是不可能做成的,哪些事情只有他允许了才行。部分集成商将项目多次转包,成为在中间只需要动动手指就可以捞钱的角色。

在这样的情况下,最终挨痛的不仅是我们这些数据厂商。一方面我们做不出合适的价格,导致产品和服务不断被阉割、减配;另一方面,图书馆也无法享受到正常价格所带来的产品和服务。

3 图书馆技术有多落后?

最近吴建中馆长在博客中提到国外一篇报告"Essential Digital Infrastructure for Public Libraries in England: A Plan Moving Forward",对图书馆的数字服务提出尖锐的批评:现有的图书馆技术是30年前设计好的;图书馆网站不是给读者提供方便,而是给他们增添困惑;现有的图书馆数字基础设施难以与其他非营利团体和公共机构实现共享;现有的图书馆基础设施不利于吸取其他行业的最佳实践,相反,扼杀创新;图书馆在数字基础设施方面缺乏共同语言,给全国性共享带来麻烦。我想这也许是图书馆行业的通病。

3.1 图书馆服务跟不上时代

从数字厂商来说,将传统的纸质资源进行数字化,做成一页一页可以翻阅的文献,再利用DRM技术进行封装,就可以简单出售。实际上,这样粗放的产品只能满足于以前图书馆对数字资源藏量还是T字头的时候。后来的数字图书馆发展越来越注重发现和搜索,于是图书馆就创建了自己的搜索引擎、发现系统。

但放宽眼界,其实谷歌学术和百度百科早已走在前面。OCLC对大学生利用图书馆的调研表明,95%的读者在需要文献资源的时候,会使用互联网搜索引擎;只有5%的忠实读者才会想到打开图书馆网站。在这部分读者中间,大部分读者也认为图书馆网站的体验不好,使用麻烦,打开网速慢。笔者观察过一些图书馆网站,一般无非是这几个模块:“我的图书馆”“参考咨询”“馆藏资源”“数字资源”;对数据库的厂商分类就更有意思了,比如分成“CNKI 中国期刊全文数据库”“超星数字图书馆”“维普科技期刊数据库”。这样的模块设计,绝大部分图书馆人一看就懂,但对很多读者来说,尤其是对电脑使用都还比较生疏的读者来说,这样的网站设计无异于一部天书——作为普通读者,是没有办法知道自己想找的那个菜谱应该到哪个版块去搜寻。

为什么更多的读者用百度、谷歌等搜索引擎来查找文献呢?一个重要因素是互联网搜索引擎有更好的用户体验,没有图书馆网站那样的版块设置、数据库厂商设置。在互联网时代,用户体验永远是王道,图书馆网站输在用户体验上。

3.2 移动图书馆发展落后

数字图书馆跟随网络发展而发展。有专家指出,在计算机出现的那一年,图书馆就利用上了机读目录;在互联网出现的那一年,图书馆就用上了 OPAC。目前移动互联网已经走进普罗大众生活,但有多少图书馆应用好了移动服务?图书馆人一直说图书馆是知识的银行,目前哪家银行没有网上银行、手机客户端?而图书馆呢?互联网就像一对翅膀,可以助力于行业腾飞,移动互联使订单式服务实现了精准和高效。在移动互联高速发展的趋势下,每一个公共图书馆都应有移动图书馆。目前数据厂商可以使图书馆的移动服务实现手机点书、预约、查询、续借、催还、通知提醒,在线查找和阅览数字资源,进行读者互动。要强调的是,要实现这些,对很多图书馆来说,首先需要理念来开路。

3.3　图书馆人思想守旧

这个说法或许只是对部分地区的图书馆和图书馆员适用。我的感受是,越是具有落后守旧的思想,越不会参与到讨论和学习中来。无疑,这样会形成一个死循环。

我所在公司遍布全国各地的销售人员经常会提到一个问题:某某图书馆根本不接受数字阅读的概念。现在图书馆界不少人反对数字阅读、碎片化阅读,认为这样的阅读是没有含金量的伪阅读。这样的声音往往来自守旧派。

作为初生牛犊,我觉得存在即合理。既然大众喜爱数字阅读、移动阅读,就不要去讨论对与错,而应该进行合理的引导。80后一般会记得:在小学或初中时代,电脑刚刚走入生活,家长们把电脑妖魔化,认为电脑不过是大型的游戏机,于是让自己的孩子远离电脑。但现在有多少人的工作和生活能离开电脑?目前如果一个年轻人不会使用电脑,往往才被视为妖魔。电脑只是一个工具,数字只是一个载体,时代的变迁会导致信息传播媒介的变换,不变的是传承下来的文明。

我认同江阴市图书馆宫昌俊馆长的观点:数字阅读和传统阅读没有本质区别,阅读的内容都一样,区别只是媒介。

在一个人非常非常饿的情况下,一盘美味佳肴端上桌,我们不应指责他不用筷子，而是用手指来吃。我觉得在国民的数字阅读上亦应如此。

4 路在何方？

图书馆的发展关联着数据厂商的未来发展。近年经济增速放缓，国家把更多的精力放到文化建设上来，“十三五”规划要求2020年建成城乡一体、区域均衡、人群均等的现代公共文化服务体系，这个规划将一步步得到落实。因此，接下来的几年一定是图书馆综合水平大大提升的时期。

4.1 地方政府加大投入力度

图书馆的发展离不开政府的支持和投入。近年国家大力支持文化事业，提出了全民阅读、书香社会等口号，这是图书馆面临的前所未有的历史机遇。目前越来越多的图书馆正在筹建新馆，为2017年的图书馆评估定级未雨绸缪。

4.2 图书馆联盟应协同发展

先富带动后富。图书馆之间的协同合作是快速提高图书馆服务能力的途径。很多地方开始建设图书馆总分馆模式，分馆应充分享受中心馆的基础资源；中心馆作为平台建设者，应能便捷地搜集和利用分馆的特色资源。

术业有专攻。图书馆之间还应强强联合,互补优劣。深圳文献港联合高校图书馆和公共图书馆,高校图书馆建设专业的教学科研资源,公共图书馆为普通大众建设基础类资源,然后通过共享平台互通有无。

4.3　树立图书馆本色品牌

在图书馆联盟大兴土木的同时,各馆还应注重个性化建设。如果图书馆联盟达到理想状态,各馆呈现给读者的资源藏量都是相当的,不少图书馆很容易变成外借部门。为此,图书馆需要对区域性读者提供个性化服务,这是树立图书馆品牌的重要方法。贵阳市图书馆在两个区县开设“贵阳市图书馆小站”,选址都是在社区、街道、购物广场、咖啡厅等地。小站设有几张桌椅、几排书架和电子书借阅机,占地不大,藏书不多,装修不豪华,但管理方便、贴近市民。和咖啡厅合作,给咖啡厅带来书香气、人气,而图书馆则免了场地和管理费用。

5　结语

作为常年与图书馆打交道,与图书馆人患难与共的市场人,我的看法很稚嫩,甚至是谬误。不过,至少可以多一个审视图书馆的视角,我迫切希望得到图书馆界的回应。图书馆是我深深热爱着的行业,我希望它茁壮成长。阮冈纳赞说,图书馆是一个生长的有机体,我坚信。

重建津梁:数据商眼中的“程焕文之问”

肖　鹏　赵芷琪

(中山大学资讯管理学院)

■ 受访者:4 家数据商的主管和工作人员

■ 访谈者:肖鹏,中山大学资讯管理学院博士生

■ 录音整校:赵芷琪,中山大学资讯管理学院本科生

截至目前,在“‘程焕文之问’专题研讨”专栏中,我们听到的主要是来自图书馆界的声音,以及少数法学者的解读,作为一个专业社群的反思和联合,已然具有重要的意义,但实际上这只是硬币的一面,我们还需要了解硬币的另一面——倾听数据商的声音。

笔者一直关注和思考“程焕文之问”,萌发了采访国内外数据商的念头。受《图书馆论坛》编辑部邀请,从 2015 年 10 月底到 2016 年 3 月初,针对“程焕文之问”,笔者在不同场合对 4 家数据商的主管和工作人员进行了访谈。出于种种原因,本文呈现的只能是访谈内容中很少的一部分。本文的受访者来自不同的国家和地区,所在公司的数据库产品要么已进入中国大陆市

场,要么本身就是本土产品,各公司的规模、资源量级、产品受众范围均有所不同。

需要说明的是,为了保护受访者的匿名权,本文虽然采用一问一答的形式,但就其内容而言,实际上是把4家数据商受访者的相关言论“融为一炉”,将相同提问的回答整合而成。如果这种处理方式导致某些回答出现逻辑上的矛盾或错误,笔者承担相应的责任。

最后谈点个人感受。在进行第一次访谈前,笔者多少有些忐忑,毕竟准备的每一个问题似乎都潜藏着火药味,当时凛冬将至,说不定一个哆嗦就会点燃火药桶。幸运的是,在所有的访谈中,双方既不至于剑拔弩张,也没有太过谨小慎微,大家都抱着解决问题的态度来思考和讨论。从这个角度看,《图书馆论坛》开设“‘程焕文之问’专题研讨”专栏,其意义绝不在于断裂和拆散,而是重新审视图书馆与数据商之间的合作关系,重建津梁。

○问:请问数据商对“程焕文之问”中十个问题的整体看法如何?

◎答:这些提问很有意义。但需要说明的是,可能程馆长最初写的是博客,所以对数据商的说法比较笼统。实际上,所谓的“数据商”包含很多种,比如Elsevier、Springer更多属于一线的出版商,一般称为Primary Publisher;EBSCO、ProQuest等则是Aggregator(集成商),或许可称为二次出版社(Secondary Publisher)。不同的数据商在不同的位置,其提供的服务不同,虽然都有数据库,但定价等情况不太一样;而且国内外的出版商和集成商的情况差别很大,不同公司的定位和策略也有所不同。如果那样“统而论之”,就比较“暧昧”。

○问:就您的经验看,一般而言,出版商和集成商对数据库的定价依据是什么?这种定价依据在国内外是否有所不同?

◎答:我们这里主要谈的是高校图书馆。在国外,出版商和集成商早期定价的主要依据是校内的学生人数,有些还会把教职员工加进去。中国大陆高校的人数比国外多很多,北京大学、中山大学的人数比国外同类型、同级别的大学更多。在这种情况下,无论是中国大陆图书馆还是出版商和集成商,都认为纯粹用人数来确定售价不是那么合理,因此,其中的一部分就会根据不同高校的需求和情况来制定不同的售价。比如,对“985”高校、“211”高校、一本高校、二本高校的售价都有所不同,进行弹性调整。

不过,这种定价模式大概在五六年前开始有所变化,有一些出版商把使用率也作为一个重要因素纳入费用考虑之中。为什么会这样?原因是多方面的。比如,七八年前,一些高校对数据商提出,如果使用率不高,应该降价。他们会说:我们的利用情况不好,续订时就不应该涨那么多嘛。这句话其实衍生了另外一个问题:如果用得不好要向下调整价格,那用得好是否也可以向上调整价格呢?

我们应该注意到,数据库价格每年逐步调整,是有不同原因的。一般纸本刊每年均有涨价,涨幅从个位数至两位数都有;而过往几年,数据库每年的涨幅约5%—7%。其实“程焕文之问”不认同的是那些不合理的涨价模式。

○问：很多数据内容或出版物由于版权限制，可以说是独一无二、不可替代的，一些学者提出这里头可能涉及垄断问题。

◎答：就每家出版商所出版的期刊而言，确实是独一无二的。但说到垄断，这要看如何定义垄断，比如垄断常常和价格不透明联系在一起。很多出版商至少有五六十年的历史，甚至还有更久远的。一直以来单本期刊的定价都是公开的，即便在今天，在互联网上仍然可以查到这些期刊的参考价格，无论是电子版还是纸质版。有些期刊的亚洲版和全球版的价格不一样，但大多数期刊没有分所谓的中国版、亚洲版、美洲版。从这个层面来讲，期刊的价格是透明的，本身并没有垄断的意思。为什么会觉得是垄断？关键可能是图书馆觉得一些出版商或集成商把价格或价格涨幅提得太高了。

○问：单本期刊和数据库的整体销售情形可能不太一样。那么，您如何看待同一个数据库在发展中国家与发达国家之间的定价差异？在不同国家和地区，这些不同的价格又是如何确定的？

◎答：出版商和集成商提高数据库的价格，要看他们把价格拉高的原因是什么。从出版商和集成商角度来说，主要有两个因素。第一个因素，很多出版商和集成商是在 2002 年中国大陆加入 WTO 之后进来的，那时候大多数出版商和集成商的确是降价进入中国大陆市场，后来拉高价格的原因之一是 2002 年时的价格确实非常低。第二个因素，刚进入中国大陆市场时，部分出版商和集成商的数据库在中国大陆的使用率占全球的比例不到十分之一，但近年则上升到四分之一、三分之一。

在全球化差价问题上,现在很少有出版商和集成商给中国大陆所谓的发展中国家价格。十多年前,的确会有许多出版商和集成商给中国大陆的几乎是半价或是更低的发展中国家价格。从 2002 年到 2014 年,中国大陆的使用率逐渐上升,已经和以前不一样了,因此,出版商和集成商慢慢把中国大陆所谓的发展中国家优惠条款拿掉了。

年度涨幅只要在合理区间,还是可以的。什么叫合理区间?可以参考 *Library Journal* 每年 4 月发布的主要学科平均刊价报告,该报告对所有的数据库价格进行了统计。近几年数据库价格的年均涨幅是 5%—7%,这应该是可以接受的。某些数据库如果超出这个涨幅,其实有其他的特别考虑,应该看看他们的说法是什么,如果说法不合理,可以坐下来讨论。有句残酷或是比较不中听的话是:商家不能强卖,买家不能强买。希望双方可以找到一个彼此都能接受的范围。

○问:现在的提议其实陷入了两难的境地。我们看到,在一些案例里,图书馆与数据商都很难接受对方的提议和价格。

◎答:这要看具体的情况。

第一,看涨幅。研究者可以查询 2002 年前后出版商进入中国大陆时的定价,以及现在的定价,然后计算刊价的年均涨幅,看是不是 5%—7%,也就是上面提到的合理区间。如果年均涨幅处于合理区间,应该可以接受。不过,这一方面的跟踪研究比较少,图书馆的老师如果有兴趣从事这方面的研究,倒是可以鼓励的。

第二,看绝对值。图书馆界跨国跨地区的交流比较多,应该知道大多数出版商和集成商的组团价格。中国大陆高校可以拿出版商和集成商给自己的价格与日本、韩国、东南亚、美国、欧洲、澳大利亚、新西兰等国家和地区进行比较,看看不同地区的售价是不是接近。

七八年前××出版商涨价,与中国台湾地区的高校谈判。该出版商在中国台湾和美国加州两个区域的订单数量差不多,学生情况也类似,于是中国台湾高校的代表拿美国加州高校的相关数据来对比,进行陈诉和说明。最后该出版商有所妥协,涨幅降了些,电子刊与纸本刊捆绑的比例略微向下调整。这一案例说明,如果能拿出正当的理由,大家都是可以谈的。

○问:"程焕文之问"里有一个很关键的提问,那就是"凭什么在购买期刊全文数据库时,数据商要强行捆绑纸质期刊"?

◎答:在这个问题上,图书馆最大的挑战对象可能是出版商,因为外国集成商在中国大陆的份额比较低,而且也没有所谓的捆绑纸本刊的要求。但是,从出版商的角度来讲,捆绑有捆绑的原因。我个人的理解如下:出版商为什么要捆绑纸本刊?是因为在早期(1995 年以前)图书馆订购的是纸本刊,而从纸本刊转向电子刊有一个过程。现在纸本刊基本完成向电子刊的转型,但还是有少许出版商(低于 10%)继续捆绑销售纸本刊。大概从 2003 年、2004 年开始,随着条件逐渐成熟,纸电分离(即电子刊与纸本刊分开销售)的比例逐年攀升。在分开销售这个点上,我们常用的案例是:当时有几家大中型出版商开始降价,在购买电子刊的时候,可以不买纸本刊,而且电子刊比纸本刊便宜,也就带动其他出版商采取类似措施。其实这是一个鼓励用户从纸本刊转向电子刊的措施。

有些出版商还在继续捆绑销售，可能是因为他们在纸转电的过程当中付出的成本相当高，没有办法让图书馆用相同的价格或更低的价格来购买这些产品。在互联网时代，很多只有单刊或几种期刊的出版商相继关闭了，如 Far Eastern Economic Review，出版商需要找到能够长期生存的方式。捆绑纸本刊对图书馆来讲是很不好的，但也要理解出版商在互联网时代从纸本刊转型为电子刊的非常痛苦的过程，有些出版商不得不捆绑销售。不过，基本趋势是纸电分离。

○问：我们换一个角度来讨论这个问题。比如，您是如何看待中国大陆的集团采购，如 DRAA 这种高校数字图书馆联盟的？

◎答：每个国家和地区都在做类似服务。比如，英国有不同地区的联合采购集团，而与中国大陆市场较为临近的则有中国香港的 JULAC、中国台湾的 CONCERT、韩国的 KESLI 等。这种联盟比较像 Buying Club，中心馆议价，成员馆享受优惠价。这种联盟和集团带给出版商和集成商的最大效果是降低了一些成本。举例来说，如果出版商和集成商给 DRAA 成员的定价是八千美金、一万美金，假若没有 DRAA，那么定价很可能是三万、五万，产生这种差异的原因是出版商和集成商付出的招标、行政、人事、交通等成本不同。出版商和集成商对这种联盟和集团乐见其成，虽然价格会损失点，但整体来讲能达成共赢局面。

○问:图书馆对数据商还有一个很大的质疑,那就是现在数字资源都是在线获取,并没有保存在本地。2015年9月23日中国国家科技图书文献中心(NSTL)邀请中国国家图书馆、中国科学院文献情报中心、中国科学技术信息研究所、北京大学图书馆、清华大学图书馆等近60个文献信息机构集体签署《数字文献资源长期保存共同声明》,明确宣示图书馆拥有对所采购的数字文献资源进行本土长期保存的权利;为保障这些资源的长期保存,图书馆拥有对所采购数字文献资源的合理的存档权、处理权和服务权。您如何看待这件事情?

◎答A:我们听说了这件事情,没有什么立场去评论。从国家战略来讲,这种事情该做的还是要做。关键在于不同的出版商如何看待此事,或者说他们准备怎么去界定和保护自己的权益。每个卖方跟图书馆签的协议应该都有些不一样,因此要具体看每个卖方与图书馆签订的采购协议及其规定。比如,在元数据方面,在有些图书馆跟卖方签的协议里,会说到我可以用你提供的元数据做本地保存或是二次利用。

◎答B:在这件事情上,出版商和集成商会由于版权权限的不同而有很大的不同,就英美相关集团或公司的情况而言,可能出版商的话语权更强一些。我们不清楚内情。我个人感觉这个声明更多是针对英美出版商。其实在不违反版权法律法规的情况下,很多出版商是愿意积极配合的。

○问:刚刚谈到出版商的元数据往往会由于版权限制,不能再在产业链条上向下传递。但这些年不少数据商也提出了元数据开放项目和计划,这是否和前面的说法有些矛盾?在开放和开源问题上，对数据商而言，开源系统究竟意味着什么？从一个更高层面，即图书馆资源配置角度来讲，这个问题其实与我们今天访谈的主题息息相关。

◎答：你讲的元数据开放计划是另外一个类型的业务。一般数据商的这些计划，是针对与我们有合作关系的系统厂商的馆藏系统，帮助自动化厂商做整合与最佳呈现，而不是直接面向图书馆用户，不太一样。就开源系统而言，传统上，图书馆采购集成管理平台的价格和维护成本高昂，尤其是国外的国际化系统。其实现在大部分用户（特指大学生）使用谷歌或百度，他们很少进入图书馆再去看系统的入口或者主页。所以，国外一些图书馆正在考量：到底要不要再投那么多钱在系统上，或者说该不该把这笔钱转而投在服务和产品方面？开源系统的好处是价格很低，如果图书馆在开源系统上的投入比较少，就可以把更多资金转投到资源建设上，因此，一些数据商支持开源系统的发展。

○问：那么，关于开放存取呢？这或许是对数据商冲击最大的模式。

◎答：如果说开源系统是针对现有的集成系统生态，那么开放存取就是针对资源，但这个“资源”所包含的对象可能比大部分人想象的要宽泛。在本质上，用户免费使用的互联网视频和应用其实也是开放存取，而不是仅仅限于学术领域。虽然 arXiv 之类的学术开放网站历史比较悠久，在物理学等小圈子已经形成了稳定的用户习惯，但在更多的学科，开放存取还是这两年的事情。目前不同国家和地区、不同出版商和不同学术群体对开放存取的意见并不一致——不是说开放不一致,而是对“如何开放”不一致。对图书馆而言,开放存取一方面会降低采购成本,另一方面则必须考虑学术科研发表、机构库维护、重新获取和组织信息的费用,整体而言学校层面的“学术开销”未必会因开放存取而降低。不管如何,从目前的情况看,数据商仍将在开放存取中占有一席之地。当前很多数据商开始进行深入标引、改进出版流程等,以迎合开放存取趋势,关注新形势下的用户需求。

○问:我们刚才谈到用户需求问题。“程焕文之问”的最后一问是数据商不向图书馆提供详细的用户使用报告,这是否阻碍了图书馆了解用户的情况呢?

◎答 A:我认为程馆长的意思是出版商和集成商要帮助图书馆更好地了解读者需求,而不是给一个简单的 COUNTER-compliant 报告(标准统计使用报告)。也许程馆长觉得目前给的统计报告太粗糙,他希望看到更精细的报告,以了解用户要什么,帮助用户学习或了解某些主题的发展趋势和动态。

◎答 B:有些国外的高校图书馆会透过某些认证系统(如OpenAthen、EZproxy),要求用户使用资源时要登录相应的账号、填写个人资料,一方面这会涉及这个用户是有权限的用户,不会造假,另一方面是希望能够给图书馆更完整与详细的使用统计报告。我了解到,有一些数据商已经在关注这个问题,正在研发数据挖掘之类的服务和工具,未来一段时间这个可能会成为市场的焦点。

今天谈的很多东西,包括前面聊的定价问题、后面谈的开源和资源配置问题，其实对我们来说，数据商与图书馆之间需要彼此理解、互相帮助；双方并非站在对立面，而应是共生局面，甚至是共和局面。图书馆服务做得越好，获得的用户评价越高，数据商也才可以长期经营下去。

（原载《图书馆论坛》2016 年第 5 期）